OUTRAS AMÉRICAS

SEBASTIÃO SALGADO

OUTRAS AMÉRICAS

SEBASTIÃO SALGADO

Prefácio de ALAN RIDING

Projeto gráfico de LÉLIA WANICK SALGADO

COMPANHIA DAS LETRAS

Este livro foi publicado em 1986 na França, na Espanha e nos Estados Unidos, e só foi possível realizá-lo na época graças ao prêmio obtido com este projeto, o Prix du Premier Livre de Photographie, oferecido por Paris Audio Visuel e Kodak-Pathé, como incentivo aos editores para a divulgação de novos fotógrafos. Hoje é com grande prazer que o apresentamos no Brasil por meio da Companhia das Letras, que decidiu publicar os principais livros que ilustram a globalidade do meu trabalho.

Cópias fotográficas:
Jean Yves Bregand/ Imaginoir

As fotografias foram feitas com filmes Kodak Tri-X
e com Leicas M e R

Preparação de texto:
Márcia Copola

Dados Internacionais de Catalogação na Publicação (CIP)
(Câmara Brasileira do Livro, SP, Brasil)

Salgado, Sebastião, 1944-
Outras Américas / Sebastião Salgado ; projeto gráfico de Lélia Wanick Salgado. — São Paulo : Companhia das Letras, 1999.

Título original: Other Americas.
ISBN 85-7164-903-0

1. Camponeses - América Central - Obras ilustradas 2. Camponeses - América do Sul - Obras ilustradas 3. Fotografia documentária - América Central 4. Fotografia documentária - América do Sul I. Salgado, Lélia Wanick. II. Título.

99-1923 CDD-779.93055633

Índices para catálogo sistemático:
1. Camponeses : Fotografias 779.93055633
2. Fotografias : Camponeses 779.93055633

1999

Todos os direitos desta edição reservados à
EDITORA SCHWARCZ LTDA.
Rua Bandeira Paulista, 702, cj. 72
04532-002 — São Paulo — SP
Telefone: (011) 866-0801
Fax: (011) 866-0814
e-mail: coletras@mtecnetsp.com.br

Dedico este livro à Lélia, por sua ajuda,
e a Juliano e Rodrigo, pela compreensão por
todos estes anos de espera.

Agradeço sinceramente a todos os amigos
que me apoiaram ao longo deste projeto e
aos que me deram conselhos preciosos, especialmente:
a todas as pessoas fotografadas,
à equipe da Magnum, Daniel Arnault,
Gabriel Bariga (Gabicho), Maurice Coriat,
Josef Koudelka, Célio Lyra, Claude Nori,
Pierre Olivieri, Napoleão Pires Sabóia,
Leonidas Proaño,
Fred Ritchin e Agnès Sire.

PREFÁCIO

As fronteiras das Outras Américas não são encontradas em nenhum mapa e, no entanto, estão traçadas com linhas de cunho religioso, cultural, econômico e político e de tal modo nítidas que é impossível ignorar o instante em que se entra nesse mundo. Muito simplesmente, é o mundo dos destituídos, daqueles que os desertos e serras desoladas da América Latina observam enquanto seus países mudam, deixando-os de lado. Foi nesse mundo, que se mantém unido pelo nascimento, pela família e pela morte, e ainda pelo mito, pela fé e pelo fatalismo, que Sebastião Salgado penetrou. O resultado é um livro extraordinário, tanto por sua intimidade como por sua amplitude. Através da dor e da dignidade de vidas individuais em zonas abandonadas e, freqüentemente, desprezadas das Américas, Salgado traçou a fonte de boa parte da magia e do mistério que envolvem esse continente.

Seu objetivo era esse. Ele compartilha a idéia romântica de tantos artistas e intelectuais da região, de que, até mesmo mais do que um lugar, existe um conceito chamado "América Latina". Contudo, para capturá-lo, ele não buscou as imagens evocadas pela poesia de José Martí ou pelos discursos de Simón Bolívar, ou as raízes da língua, da religião e da cultura comuns à área. Em vez disso, voltou-se para os milhões de latino-americanos que, embora separados por dezenas de milhares de quilômetros, por idiomas mutuamente ininteligíveis e ainda por conjuntos diversos de convicções, na verdade têm vidas muito parecidas. São os povos indígenas da América Latina, os quais durante séculos se refugiaram da "civilização" nas montanhas, que, quase sem interrupção, se estendem da sierra Madre mexicana à Cordillera chilena. São os peões e colonos mestiços do árido Nordeste brasileiro, cuja história e ambiente podem ser diferentes mas cujas vidas não são menos moldadas pela miséria e pelo misticismo. Juntos, eles formam o cadinho de valores tradicionais e rituais em que se reflete a imagem aguçada da América Latina oferecida por Salgado.

É uma idéia simples, mas, depois de ter estudado este livro, enxerguei um mundo com que eu estava altamente familiarizado de uma forma distinta. De propósito, Salgado me apresentou as fotografias sem legendas explicativas, provocando a especulação e o vôo da imaginação. E apesar disso, gradualmente, pelo clima criado por ele, emerge a homogeneidade das Outras Américas. Ele também foi tentado a omitir o país e a data de cada fotografia, para sublinhar a falta de pertinência dos limites nacionais e da passagem do tempo. E, ainda assim, o ponto é assinalado, pelo reconhecimento de que rostos do México e do Equador, digamos, são intercambiáveis. Salgado vai então mais adiante, e nos permite ver esse mundo pelos olhos daqueles que o ocupam. Para atingir isso, para capturar um mundo sem pressa, ganhar a aceitação necessária e mesmo a indiferença daqueles que retrata, ele não podia se apressar. A primeira vez que ele me contou sobre seu projeto foi há cinco anos, na Cidade do México, quando o projeto já contava quatro anos. Na época, visitou os índios Tarahumaras de Chihuahua, ao norte, e os Zapotecas de Oaxaca, ao sul; emergiu semanas depois com apenas dez das fotografias incluídas nesta obra. Foi por meio de viagens desse tipo que ele veio a isolar o sentido intemporal que unifica esse mundo imutável.

Em qualquer sentido material, é claro que os "outros americanos" são pobres e vulneráveis. Desde a época da Conquista, através de todas as gerações e até os dias de hoje, eles foram expulsos para os lugares em que a terra é menos fértil e menos cobiçada. Cultivam milho, batatas e mandioca para sobreviver, mas não produzem excedentes para vender ao mundo exterior, nem têm dinheiro para comprar dele. E se sua terra comunitária de súbito ganha valor, se as madeireiras descobrem a floresta onde eles vivem, suas terras são imediatamente invadidas e ocupadas. Em alguns casos, como na Bolívia e no Chile hoje, e antes no México e no Peru, encontram-se em seus morros silenciosos reservas de certos metais preciosos que eles são convocados a minerar. No entanto, seu principal contato com o "desenvolvimento" se resume ao trem que leva a riqueza embora. Na época colonial, esses recursos construíram palácios em Madri e Lisboa; mais tarde, originariam burocracias e burguesias; hoje, pagam dívidas com bancos de Nova York e Londres.

Tais comunidades são irrelevantes também do ponto de vista político. Quando têm sorte, ou, acima de tudo, quando permanecem isoladas, ainda conseguem desfrutar de alguma forma de governo autônomo, sob a direção de anciãos ou xamãs, mas a influência dessas organizações não se estende além de cada comunidade. Em dias de eleição, caminhões recolhem os habitantes, e mandachuvas ou "caciques" locais dão instruções sobre como eles devem votar, mas eles não elevam suas vozes nem esperam ser ouvidos. Não há registro de seus nascimentos, suas vidas são monótonas e suas mortes passam despercebidas. Com freqüência, vêemse em meio a batalhas políticas que não são deles, seja forçados a prestar serviço militar como soldados — os mesmos rostos indígenas olham por debaixo de capacetes ao longo de toda a América Latina —, seja, como ocorreu sucessivamente na Colômbia, Guatemala, El Salvador, Nicarágua e Peru, recrutados para se unirem a movimentos de guerrilha esquerdista. E são eles, invariavelmente, os perdedores, arrancados e alienados de suas comunidades ao serem doutrinados na lealdade militar ou, de maneira não menos dolorosa, quando são removidos de suas terras pela repressão que se segue automaticamente à insurreição.

Apesar disso tudo, este livro não é um catálogo do desespero, porque captura as dimensões culturais e espirituais que tornam tolerável a vida nas Outras Américas. Salgado não tenta romantizar seus retratados, não enfatiza o exotismo folclorizante da vida indígena que tanto atrai os ocidentais, porém não consegue esconder sua própria nostalgia pela simplicidade sem afetação da vida rural e pelo misticismo profundo que a sustenta. Ele escolheu não focalizar aquelas "outras" Outras Américas, as das favelas urbanas em multiplicação veloz, mas implicitamente questiona se a porta aberta da migração traz algum alívio. Uma fotografia perturbadora de urubus que pairam acima de catadores em algum depósito de lixo urbano — isso, também, poderia situar-se em qualquer cidade grande, embora no caso seja Fortaleza, no Nordeste brasileiro — é suficiente para dramatizar seu argumento.

É evidente que a realidade é que, desde a Segunda Guerra Mundial, dezenas de milhões de pessoas optaram por deixar a quietude da zona rural, seja por terem sido "expulsas" pela seca, pela doença ou pela dissensão política, seja atraídas por sonhos difundidos por rádios transistores. Alguns, como os milhões de índios guatemaltecos que, todo inverno, viajam com suas mulheres e famílias para as terras baixas do Pacífico para colher café ou cortar cana-de-açúcar, fazem isso para sobreviver em suas aldeias durante o resto do ano. Entretanto, para a maioria, a migração é uma experiência de uma só mão, porque aqueles que rompem com suas famílias e comunidades, com seu idioma tradicional, com suas roupas, com sua comida, mudam em demasia para que possam voltar. Hoje, eles se ajuntam nas "cidades perdidas" da capital mexicana, nas "cidades jovens" de Lima ou nas favelas do Rio de Janeiro. Encontram empregos mal remunerados ou aprendem a sobreviver nas ruas: com o tempo, seus filhos chegam a ir à escola, e é possível que um título de propriedade do lote em que se amontoam seja emitido em seu nome, mas a violência, a promiscuidade, a solidão os enreda num processo de desintegração social que, gradualmente, corrói os valores que, antes, lhes conferiam identidade e segurança.

A cada nova geração, a tentação de se dirigir para as cidades é renovada. Mas, também, cada nova via de acesso leva o mundo exterior a penetrar mais profundamente nas serras e desertos. De certo modo, isso não é novo — o isolamento foi rompido com a chegada do primeiro missionário. E hoje, ao lado das igrejas de pedra erigidas séculos atrás por franciscanos, dominicanos e jesuítas, erguem-se os galpões de madeira construídos neste século por batistas, adventistas do sétimo dia, testemunhas-de-jeová e toda uma multiplicidade de seitas fundamentalistas. Porém, o ritmo da mudança está se acelerando, e a mais recente agressão do consumismo e da comunicação é ainda mais difícil de reverter: os caminhões que levam garrafas de refrigerante e comida enlatada se tornam motivo para que uma estrada seja construída; e a chegada de um sinal de televisão justifica a despesa de uma comunidade com a aquisição do seu primeiro gerador elétrico.

Encolhendo-se e recuando de maneira irrevogável, as Outras Américas podem, todavia, sobreviver justamente porque seus recursos ocultos permanecem fortes. Tais recursos perpassam este livro como linhas invisíveis. A religiosidade profunda da América Latina, bem como a esperança e o fatalismo que ela inspira, é parte da cadeia irrompível de magia, superstição e espíritos que há muito preenche esse mundo. O cristianismo, absorvido e adaptado de modo a servir a necessidades e tradições diferentes, vive confortavelmente ao lado da adoração de cervos, onças, árvores, da chuva ou do sol. Máscaras, música e fantasias ainda dão significado a danças religiosas e rituais. A própria natureza, ao longo da vasta vacuidade dos Andes e da sierra Madre ou da desolação grandiosa dos desertos, soma-se a essa espiritualidade e introspecção. E há a presença constante e a aceitação fácil da morte, que leva consigo tanto jovens como velhos. Em vidas repetidas interminavelmente, a ordem natural das coisas não precisa ser contestada.

As fotografias de Salgado capturam em preto e branco a alternância de luz com sombra nos céus e nas vidas, a aspereza e a crueldade que coexistem com a ternura e o sentimentalismo. Salgado procurou um canto perdido das Américas e fez disso um prisma pelo qual o continente inteiro pode ser enxergado. Uma filosofia de vida é captada com um olhar; um inteiro modo de viver se congela em um momento. Ele criou um registro, preservou um mundo e celebrou o isolamento deste. Ao fazê-lo, também pretendeu provocar emoções perturbadoras e contraditórias. Nisso, também, saiu-se magnificamente.

Alan Riding

INTRODUÇÃO

Em 1977, quando iniciei este trabalho após alguns anos de peripécias na Europa e na África, meu único desejo era voltar à minha terra bem-amada, para esta América Latina tão querida e profunda, para meu Brasil do qual um exílio um pouco forçado me obrigou a me afastar.

Eu sonhava com este continente encantado, com toda a fantasia herdada de uma terra de histórias incríveis. Eu deixava a minha imaginação vagar pelas imensas montanhas, verdes e encarnadas, que formam as paredes do altiplano andino; pelas guerras inacabadas travadas por camponeses e mineiros legendários, revolucionários quase fantasmagóricos; pelo misticismo indescritível do sertão, o planalto brasileiro, com seus homens vestidos de couro e sua luta feroz pela sobrevivência em terras tão áridas, tão pobres, e em tal medida refúgio espiritual de todo um país. Sonhava com a sierra Madre e sua névoa densa, seus cogumelos e *peyotes* mágicos, seus mortos tão vivos na imaginação dos vivos: aquele lugar onde é tão difícil saber se somos deste mundo ou de outro, em que a morte é irmã inseparável da vida cotidiana.

Equipado com todo um arsenal de quimeras, decidi mergulhar no que há de mais concreto na irrealidade desta América Latina, tão misteriosa e sofredora, tão heróica e nobre.

Os sete anos despendidos em produzir estas imagens transcorreram como uma viagem de sete séculos no passado, para observar, desenrolando-se ante mim num passo lento, arrastado — o qual marca a passagem do tempo nesta região —, todo o fluxo de culturas distintas, tão semelhantes em suas crenças, perdas e sofrimentos. Percorri a universalidade desse mundo apartado, viajando do litoral tórrido do Nordeste brasileiro às montanhas do Chile e daí à Bolívia, ao Peru, Equador, Guatemala e México.

Naquele dia, para onde quer que se olhasse, tudo o que se via era a pequena caixa preta que as crianças carregavam — e, perto delas, a velha senhora que observava. Na missa matinal, no cemitério, lá estava ela, sentada na primeira fileira. Ao rezar pelas almas, don Gabicho, o padre celebrante, não conseguia tirar os olhos das crianças, da velha, da caixinha preta. Depois do almoço, durante a procissão anual pelos mortos, era possível ver a pequena caixa preta e seu cortejo. E mais tarde, naquela noite, no baile na casa paroquial de San Vicente Nautec, a caixinha dançou com as crianças — a velha senhora ainda presente, ainda observando os movimentos dos grupos de crianças e a manipulação jovial do objeto preto, que passava de mão em mão por toda a família.

Muito cedo no dia seguinte, um dos meninos veio perguntar a don Gabicho se seria possível rezar a missa na casa de sua avó. Às onze, fomos com o padre até a casa indicada pelo pequeno mensageiro e, lá, encontramos a velha senhora do dia anterior, que implorou ao padre que rezasse a oração dos mortos em honra de um ente querido de sua família.

Um pouco surpreso, o padre lhe disse não saber que, naquela noite, ocorrera uma morte em San Vicente Nautec. Perplexa ante a incompreensão do padre, a velha senhora buscou dentro da pequena caixa preta e retirou alguns ossos humanos. Ela os pôs na mesa ao mesmo tempo que implorou ao padre que dedicasse a missa ao seu marido adorado, que por sete anos depois de sua morte ela mantivera inseparavelmente junto dela, dentro daquela caixinha.

Durante quase sessenta anos, frei Damião percorreu a região nordeste do Brasil pregando os princípios elementares do amor, da verdade e da justiça.

Seus métodos mudaram pouco ao longo de sua cruzada evangélica: ele aparece numa cidadezinha, onde permanecerá durante uma semana, iniciando as suas atividades diárias às quatro da manhã com uma procissão jovial. A missa é celebrada às seis e as confissões começam às oito, seguidas de sermões para as mulheres, depois para os homens, num ritmo que parece quase infernal para um homem tão santo e tão velho. E, uma vez que o trabalho tenha terminado em uma cidade, ele aparece em outra, mil quilômetros distante, como um ponto de luz em meio à pobreza sombria e ao misticismo denso do vasto interior brasileiro.

Na cidade de Palestina, frei Damião é fortemente protegido durante a procissão por um grupo de guarda-costas que o vigia incansavelmente, resguardando-o das velhas fanáticas e dedicadas que, nesses momentos de intensa agitação, com freqüência tentam arrancar alguns fios de cabelo da cabeça do evangelista de oitenta anos, certas de que, após a sua morte, as mechas serão, em si, capazes de operar milagres.

De acordo com boatos regionais, os capuchinhos, a ordem de frei Damião, já deram permissão à cidade de Caruaru para erguer uma estátua, uma imensa estátua, após a morte do padre. Se tal projeto se materializar, Caruaru se tornará um novo centro de peregrinação, sem dúvida tão importante quanto Canindé, Monte Santo, Bom Jesus da Lapa — e competirá com a meca do Nordeste, Juazeiro do Norte.

No início do século, vivia em Juazeiro do Norte o padre Cícero, amplamente reverenciado por seu apostolado popular, muito à maneira de frei Damião. Depois de sua morte, a cidade se tornou um dos maiores centros de peregrinação do país.

Doentes e inválidos de todos os cantos do Nordeste são carregados para Juazeiro na esperança de milagres. Até mesmo alguns mortos são trazidos para serem enterrados mais próximos ao padre Cícero. Como a pobreza é profunda, as igrejas locais conceberam um serviço imaginoso, o de alugar caixões para serem usados nos cortejos funerários e levar os corpos até o cemitério. Na hora do sepultamento, o corpo é retirado do caixão, o qual, dessa forma, servirá um número infinito de vezes.

Esse esquema apresenta duas vantagens: a primeira é econômica e a segunda é mais prática para os mortos, que são liberados do confinamento do caixão e assim encontram com menos dificuldade o caminho do céu.

É também com a finalidade de ajudá-las a encontrar o caminho do céu que se enterram as crianças com os olhos abertos — caso contrário, elas poderiam para sempre vaguear às cegas no limbo, jamais conseguindo alcançar a verdadeira casa do Senhor.

Em Jeremoabo, frei Damião celebra o casamento da jovem Maria Eugênia, que não possui nada mais do que a profunda experiência de seus 28 anos de idade. Seu rosto severo exibe as marcas de uma vida de sofrimento.

Aqui, a dignidade e a pobreza cavalgam a mesma montaria. A luta pela sobrevivência é muito difícil, e o ser humano, uma besta dura, a enfrenta desde o nascimento até a morte, sempre exibindo determinação — na luta contra a esterilidade da terra, as longas secas e a estrutura agrária ainda feudal.

Don Rafael e Antonio Pérez apontaram para o rastro produzido pela cobra gigante que forma o leito do curso d'água chamado Culebra. Estávamos em Atillo, uma pequena cidade num esporão dos Andes, no ponto em que essas montanhas gigantescas caem abruptamente na floresta amazônica.

Atillo, situada a cerca de 4 mil metros de altitude, é um lugar extremamente frio e úmido em virtude da junção de climas montanhoso e tropical. Um pouco acima do lugarejo fica o lago de Atillo, onde nasce a cobra. Um dia, a besta maligna que, certamente, tinha pacto com o diabo, deixou o seu local de nascimento para ir até a cidade dos avós de don Rafael. Em menos de duas horas, a cobra devorou todas as duzentas vacas da cidade. Assim que a catástrofe começou, a população entrou em pânico e buscou refúgio nos montes circunvizinhos. Depois de destruir tudo, a *culebra loca* ("cobra louca") decidiu abandonar a região. O peso de seu corpo enorme e escorregadio forma o leito do fluxo sinuoso. Dezenas de quilômetros ao norte, o espantoso animal foi atacado por índios armados com grandes tochas. Para evitar a armadilha, o réptil escalou a montanha mais alta da região. Ainda perseguida pelos agressores, decidiu penetrar na terra, e do buraco por onde seu corpo desapareceu, formou-se o vulcão Chimborazo.

Durante o tempo que gastei em Atillo, passei as noites conversando com as pessoas. Fui o primeiro estrangeiro a pôr os pés naquela comunidade tão profundamente marcada por seu isolamento em relação ao resto do mundo. Isso gerou na população uma imensa curiosidade pelas diversas coisas novas e estranhas para eles que surgiam na conversa.

Nessas conversas noturnas, muitas vezes derivei por discursos sobre temas ligados ao mundo de referências culturais deles próprios — a Terra Santa, a Espanha, o México, as lendas sobre os mouros etc. Uma noite, eles me pediram que falasse sobre o rio Amazonas. Passei então a explicar que esse imenso volume de água atinge o oceano Atlântico depois de atravessar mais de 4500 quilômetros de floresta, mas que, no início de seu curso e por um longo trecho, o rio se chama Marañón. O Marañón é formado de outros rios, como o Pastoza, que por sua vez é formado por outros, como o Cebadas. Fiz questão de lhes contar que um dos tributários mais importantes do Cebadas era — justamente — o próprio rio deles, o Culebra.

Após aquela noite, algo mudou no comportamento deles em relação ao riacho. Sem querer, eu despertara neles um sentimento de piedade em relação a "este córrego", que antes todos acreditavam concluir a sua viagem aqui mesmo no Pacífico, do outro lado deste cume andino. Mas, agora, a comunidade descobrira que seu riacho tinha de viajar uma distância incrível, exposto a todos os perigos da floresta, para, no fim, desaguar num oceano estrangeiro, de tão má reputação.

Os Saraguros são um grupo indígena muito diferente de qualquer outro equatoriano. A tradição diz que a origem dos Saraguros é boliviana. Na época pré-colombiana, por causa da sua natureza independente e rebelde, eles foram transferidos pelo incas do altiplano boliviano para a região meridional do Equador.

Meu amigo Concepción, mais conhecido em San Lucas de los Saraguros como Supo, é uma das pessoas mais profundas que já conheci. Além disso, ele é a personificação da integridade moral. Nos fins de semana, todos os habitantes de San Lucas apreciam escapar dos sofrimentos do mundo usando para isso o transporte coletivo do álcool; quer dizer, todos menos Supo, que cuida da igreja local, limpa as grandes pinturas sagradas e os santos da sacristia. Quase todo domingo ele recebe os ensinamentos da Bíblia pela leitura da irmã Octavia Ramírez, madre superiora do convento das lauritas, em Loja.

Graças a suas revelações místicas, Supo costumava me dizer muito confidencialmente que os dias da humanidade estavam contados e que todas as pessoas de Saraguros eram cegas, pois eram incapazes de ler as emanações luminosas do céu, sinal do fim do mundo que se aproximava.

Certa vez, quando voltávamos de uma longa caminhada a outra aldeia, Supo aproveitou o nosso isolamento e a escuridão da noite para me fazer um pedido: eu deveria contar às pessoas do céu a respeito de seu bom comportamento neste vale de lágrimas, pois ele tinha certeza absoluta de que eu era um emissário das divindades, enviado à sua aldeia para retratar e descrever.

Sebastião Salgado
Dezembro de 1985

Brasil, 1980

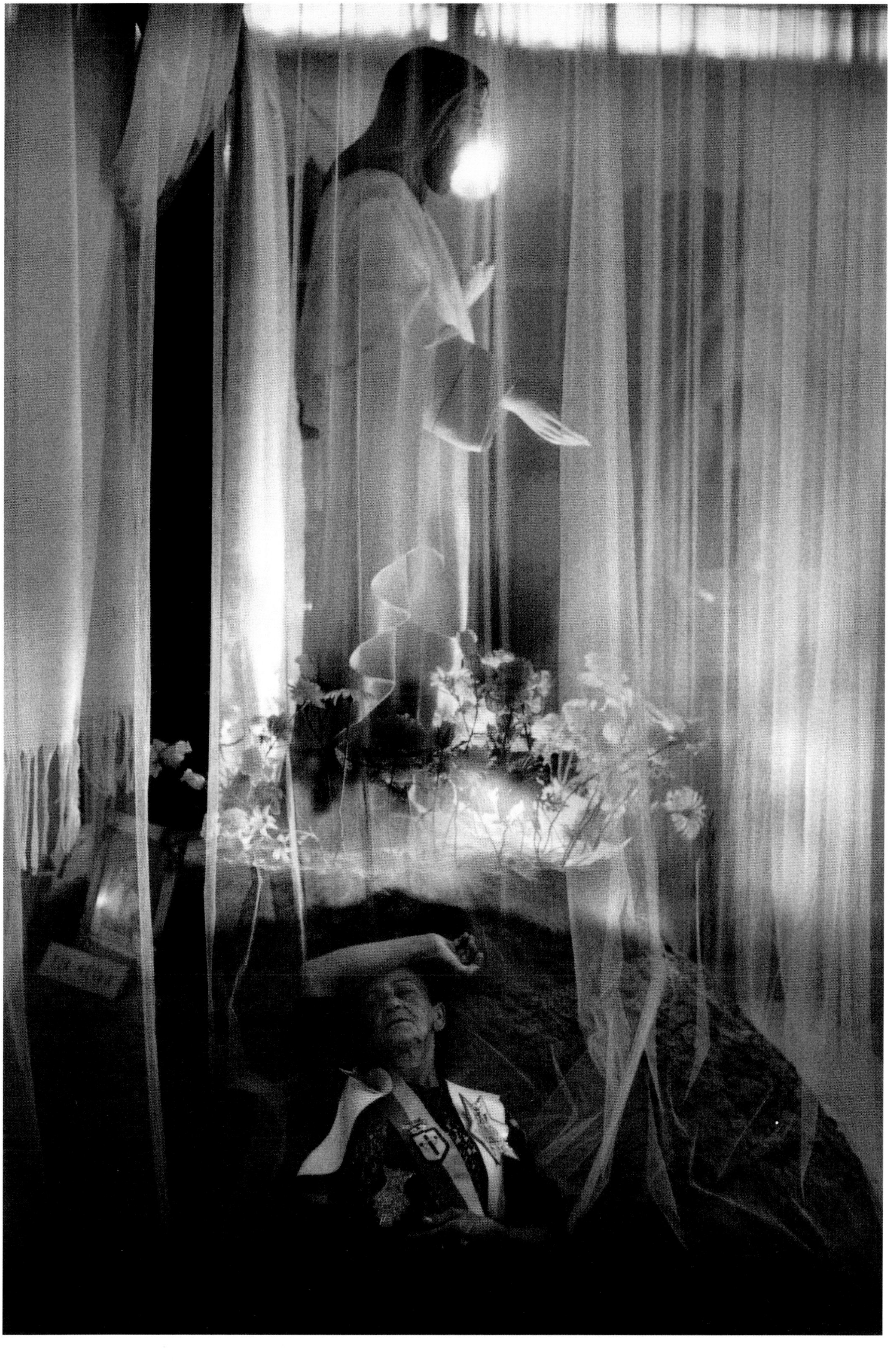

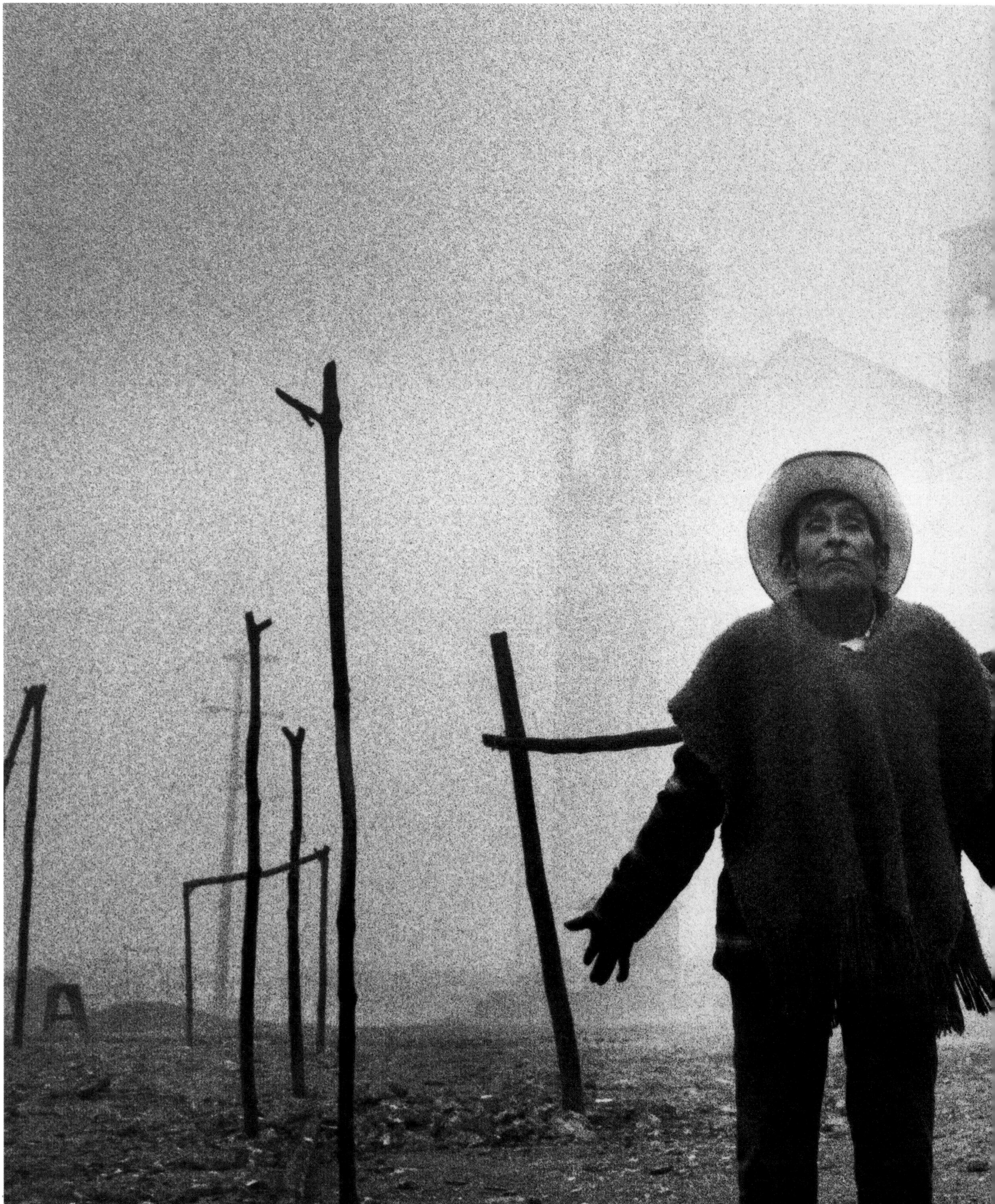

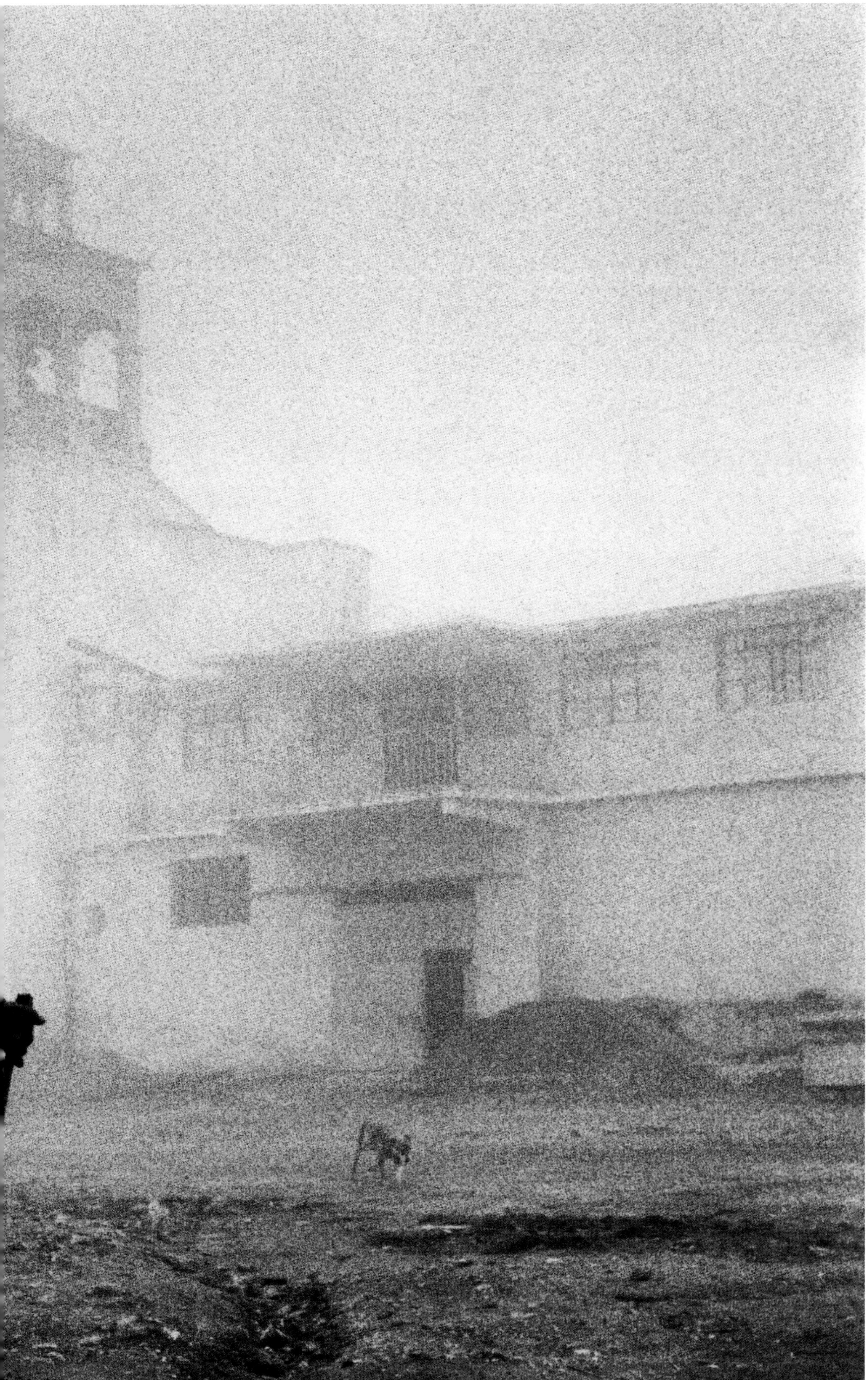

México, 1980

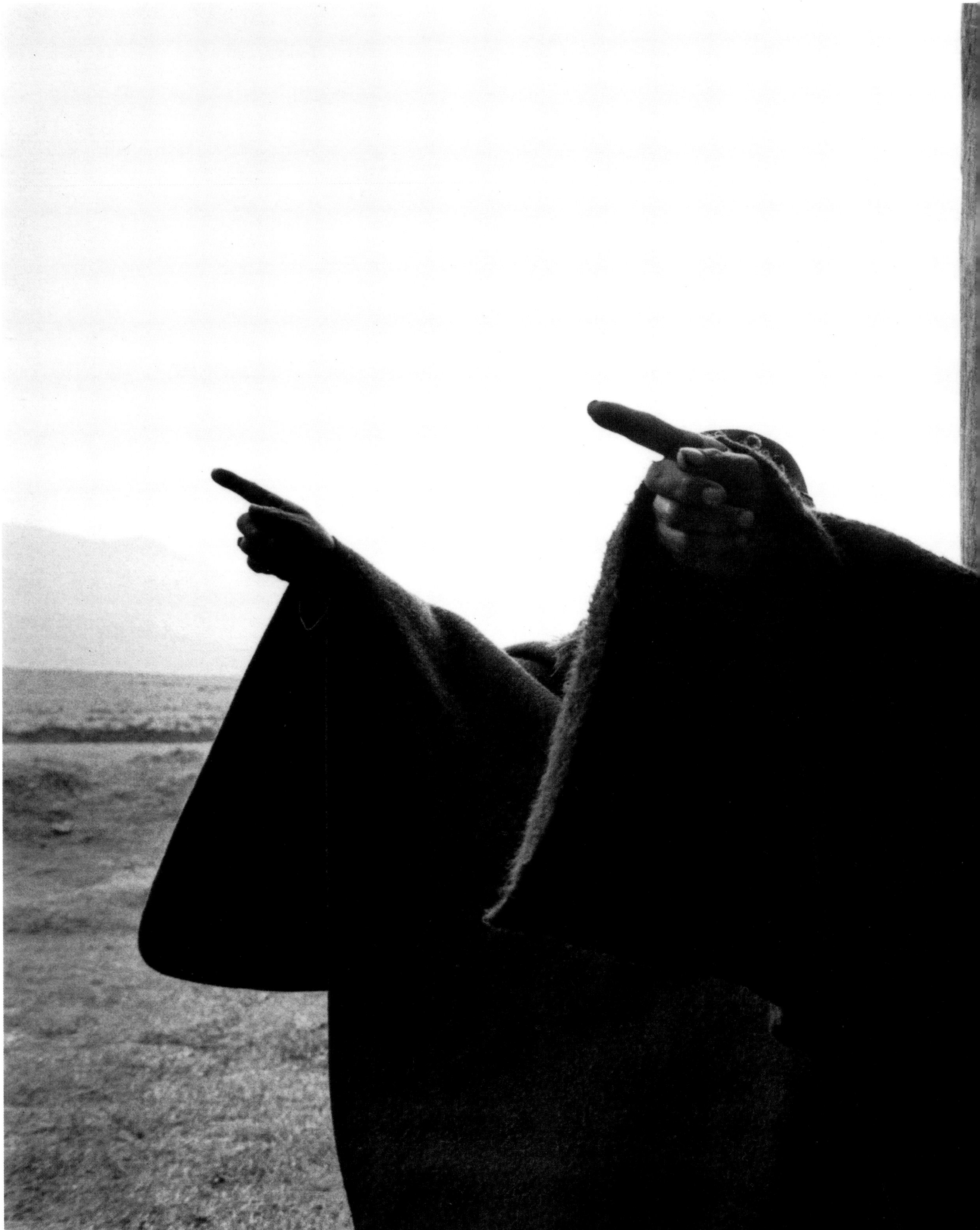

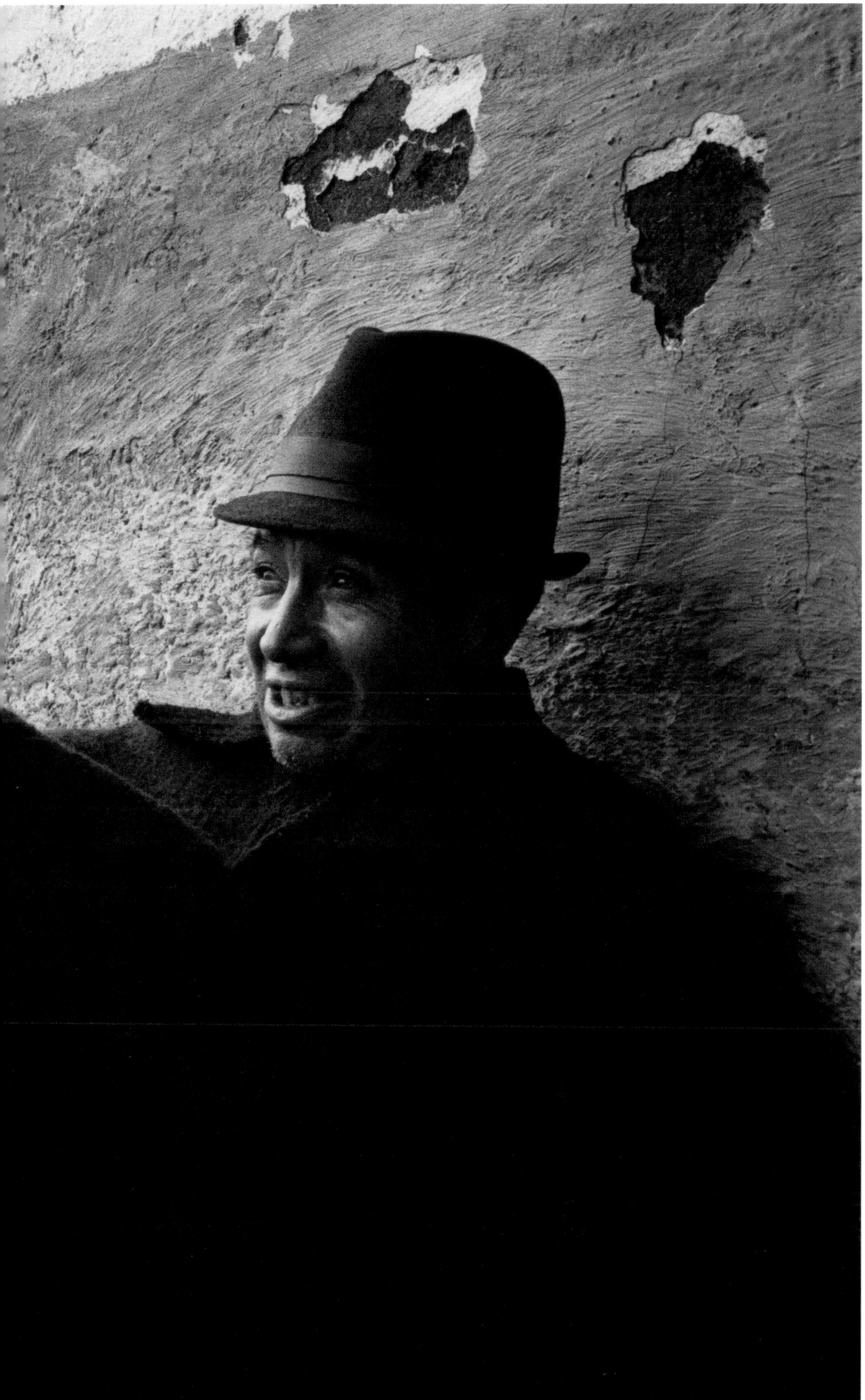

Equador, 1982

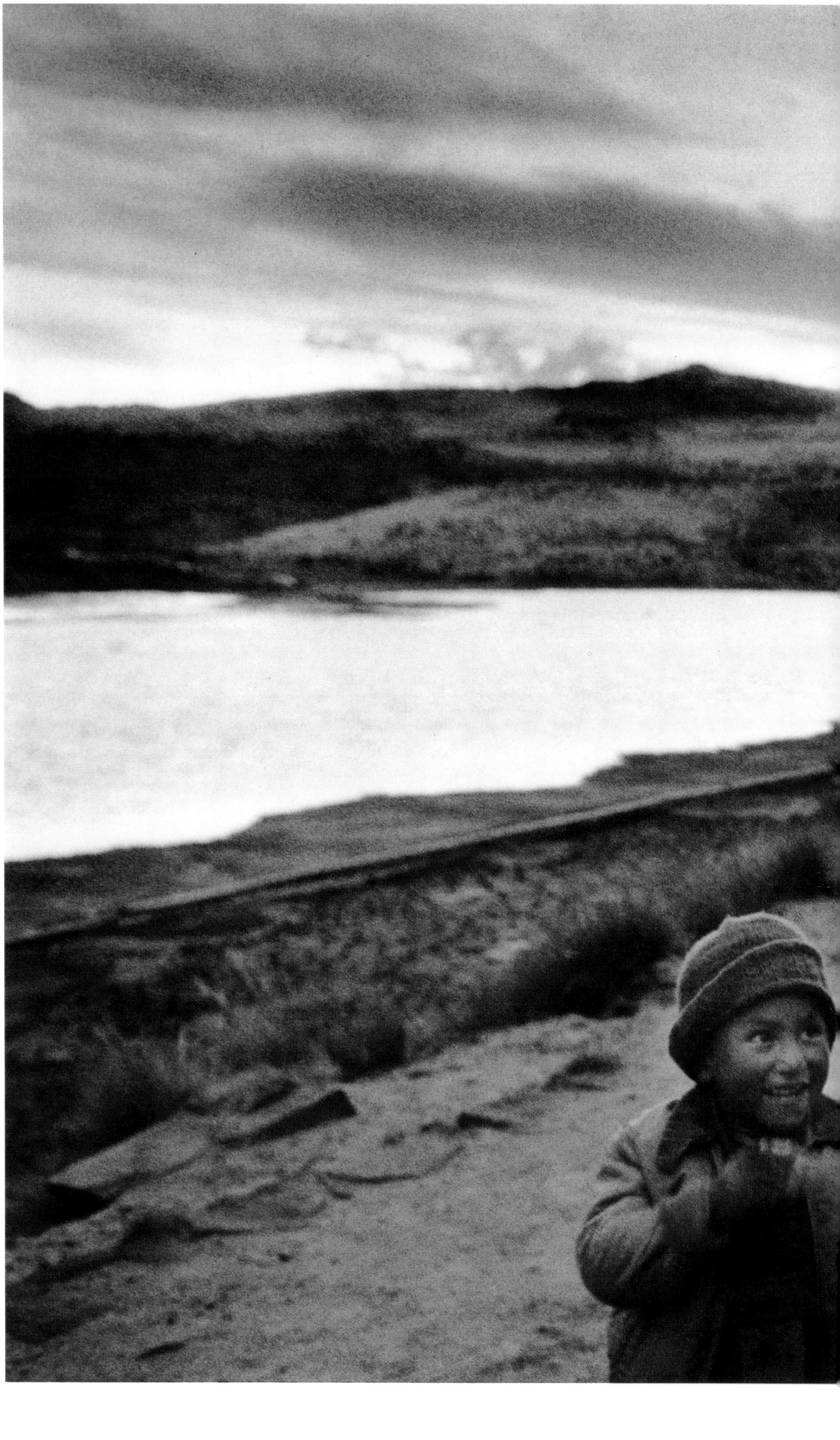

Bolívia, 1983

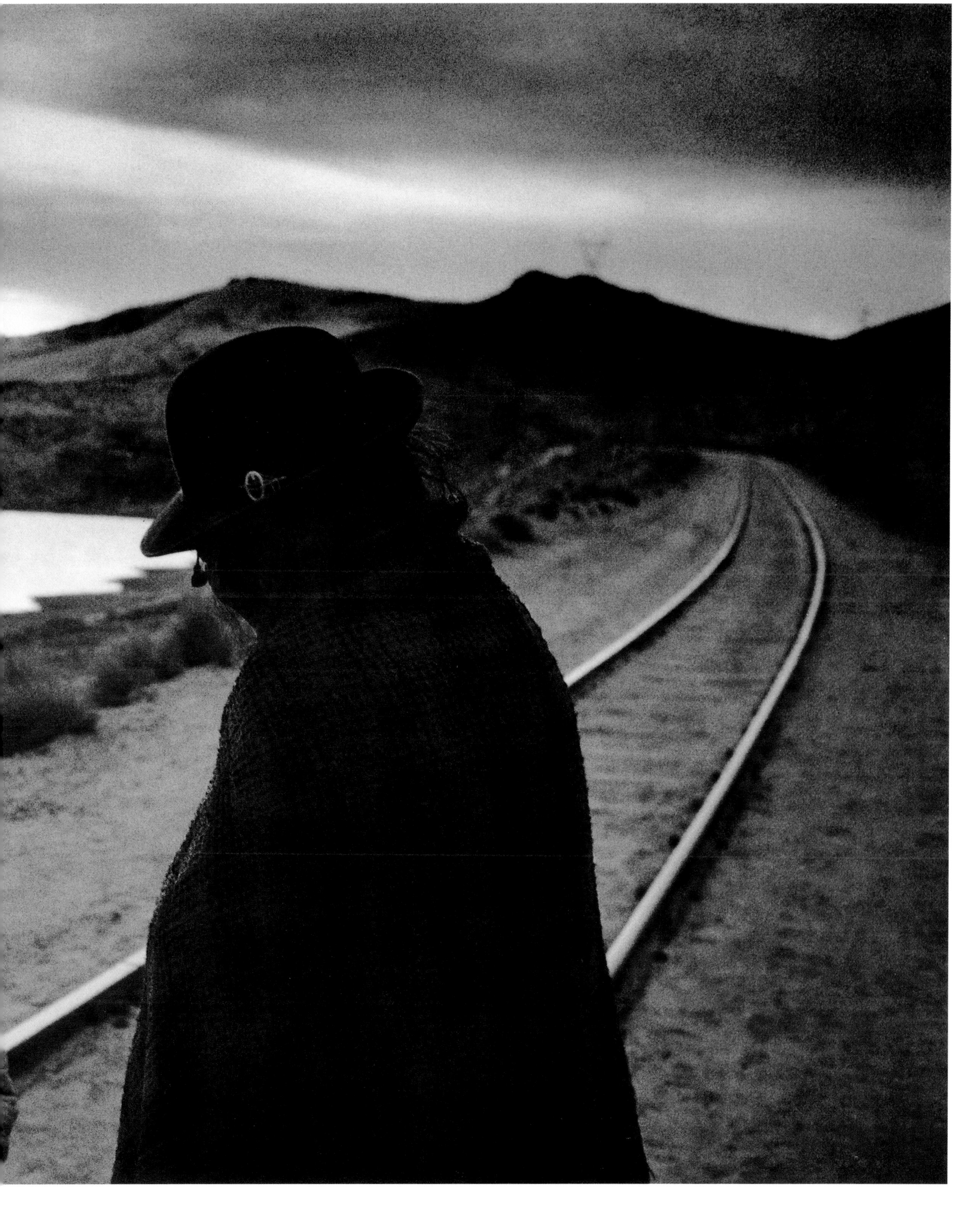

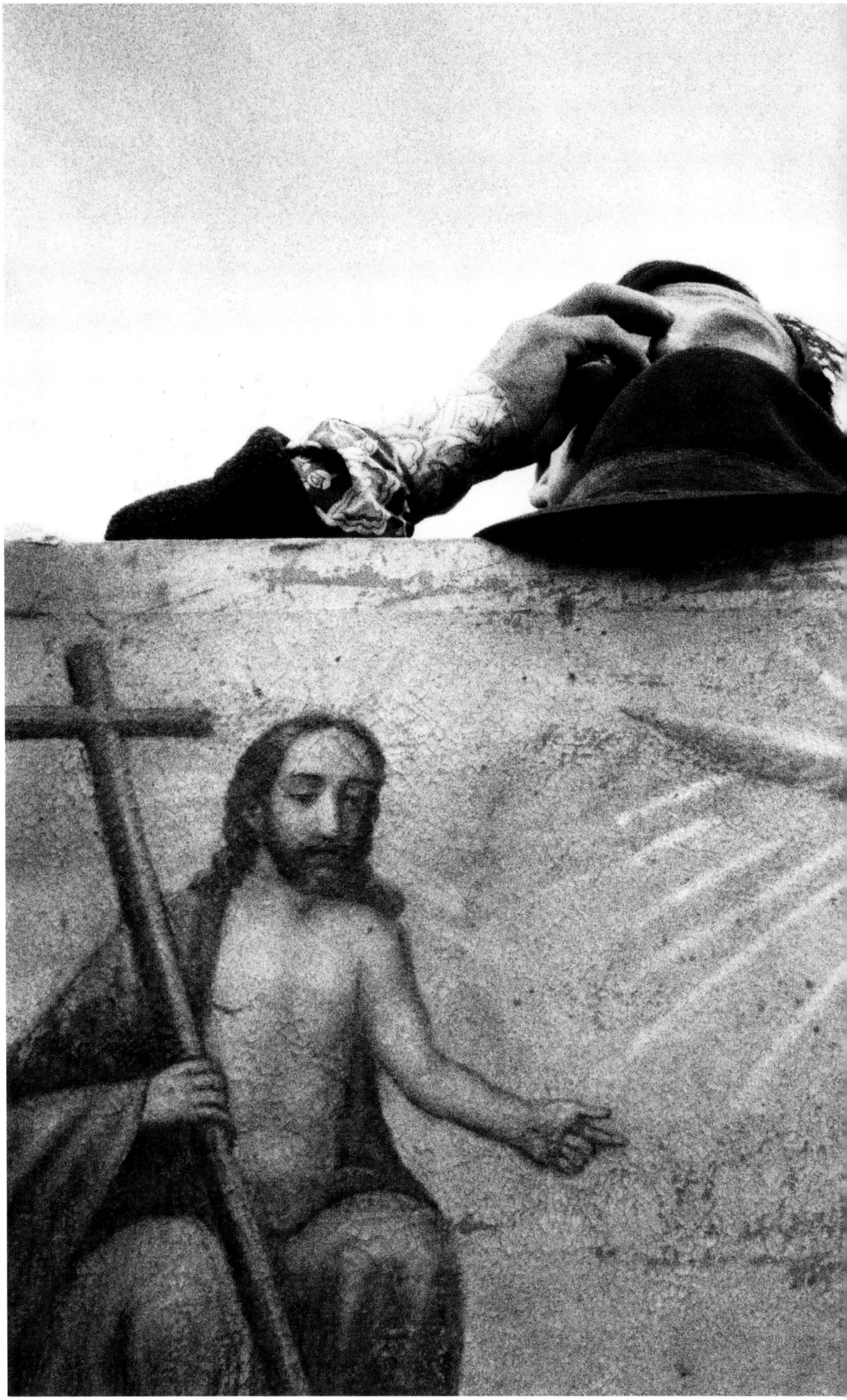

Equador, 1982

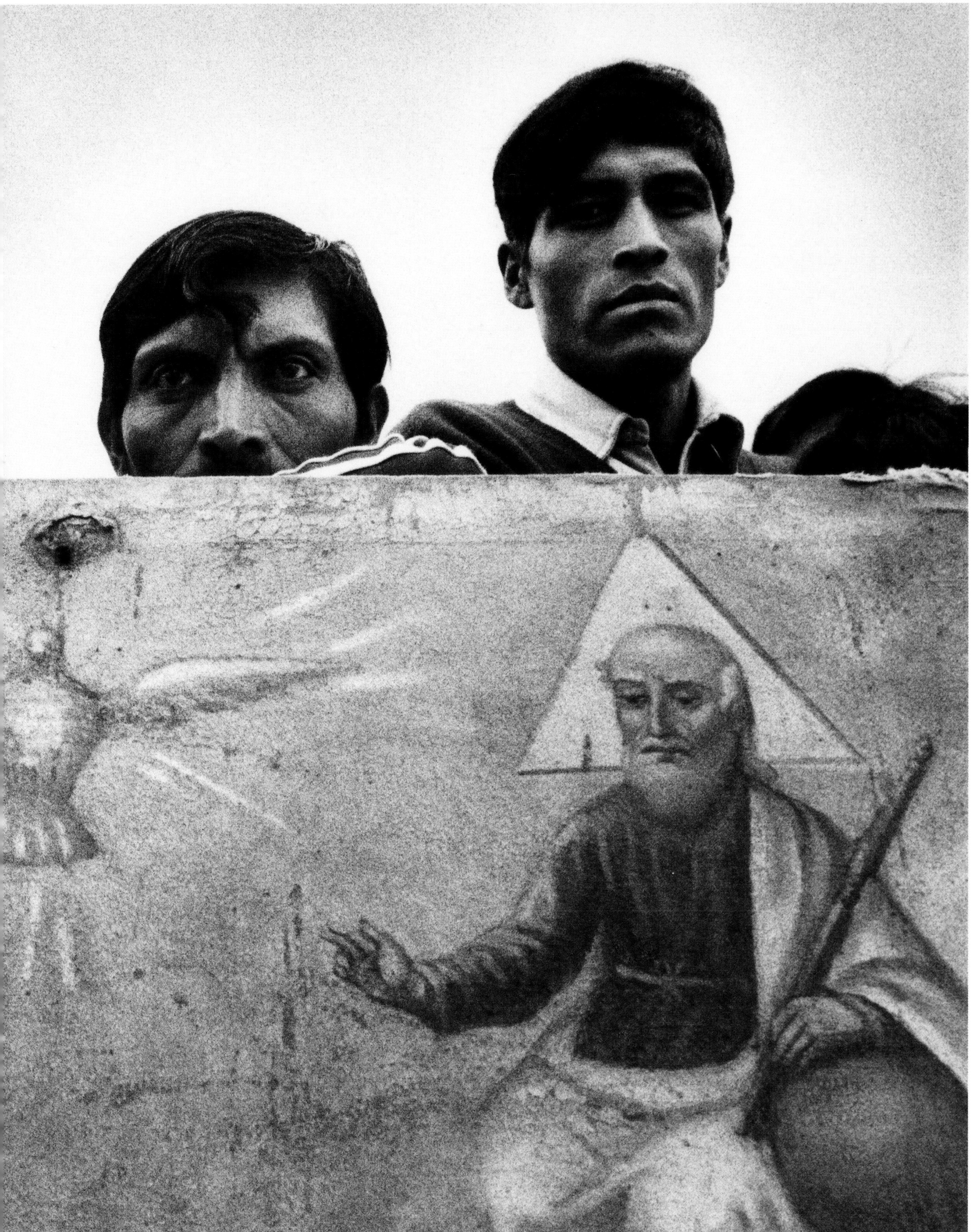

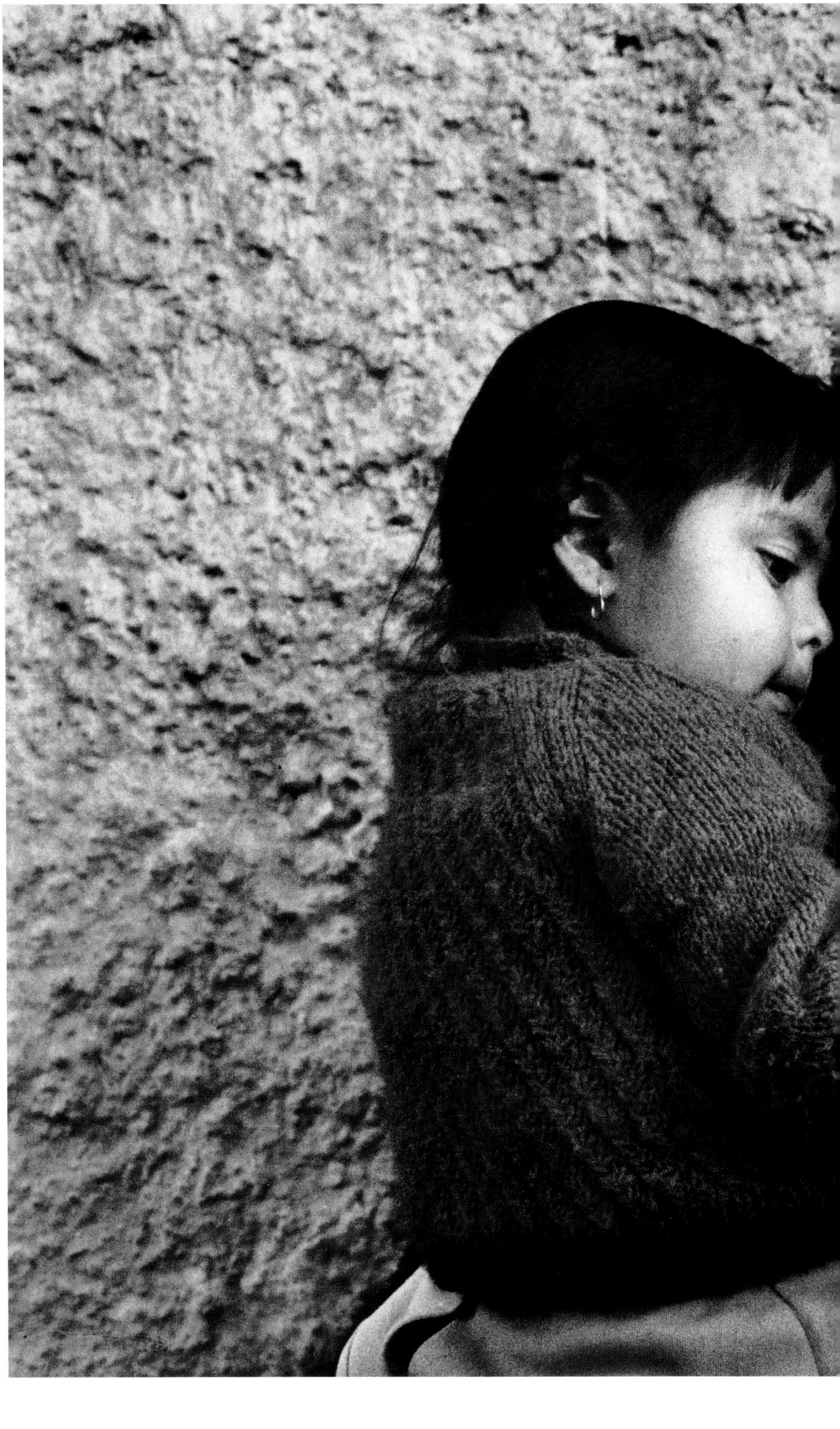

Bolívia, 1977

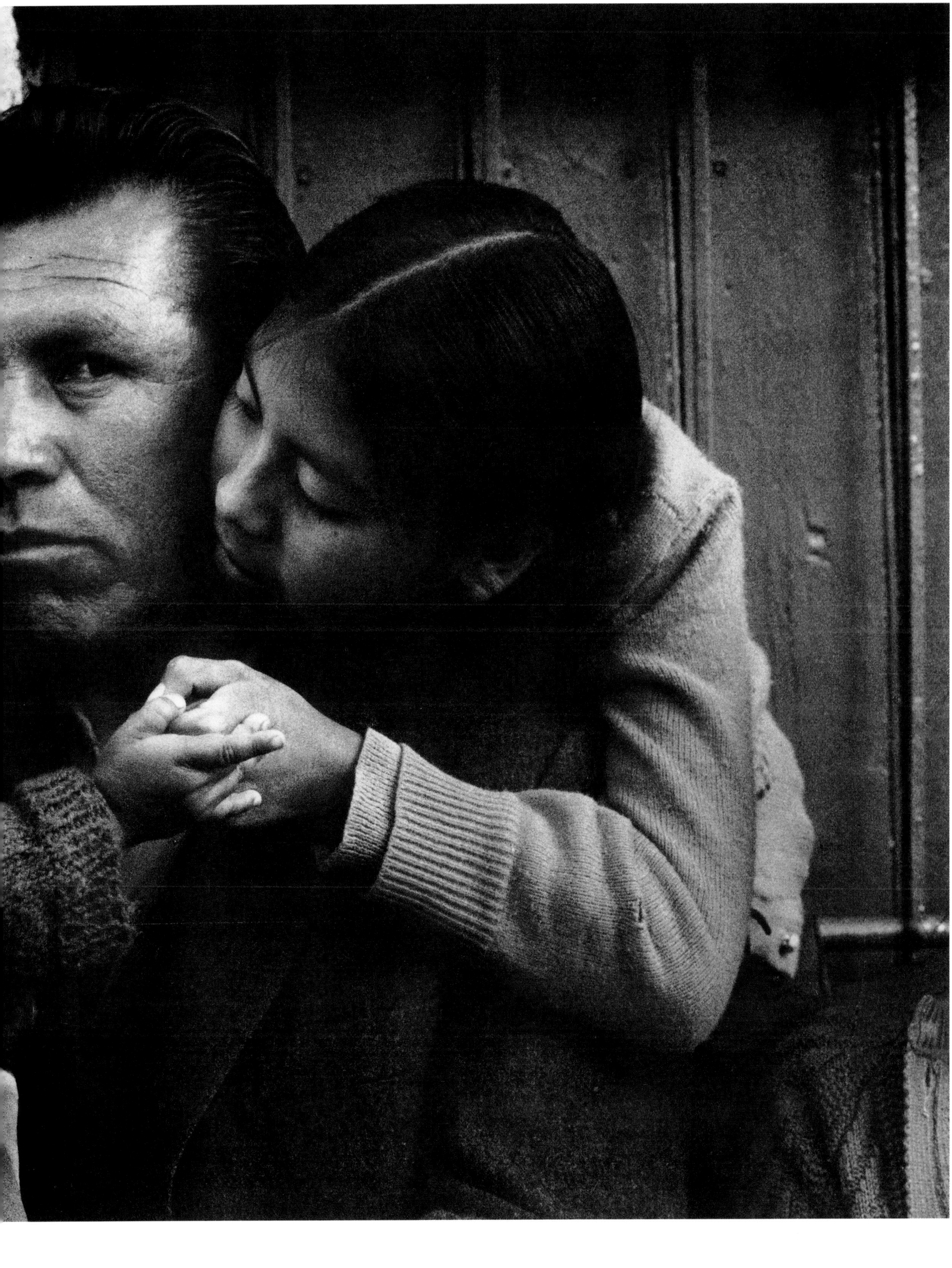

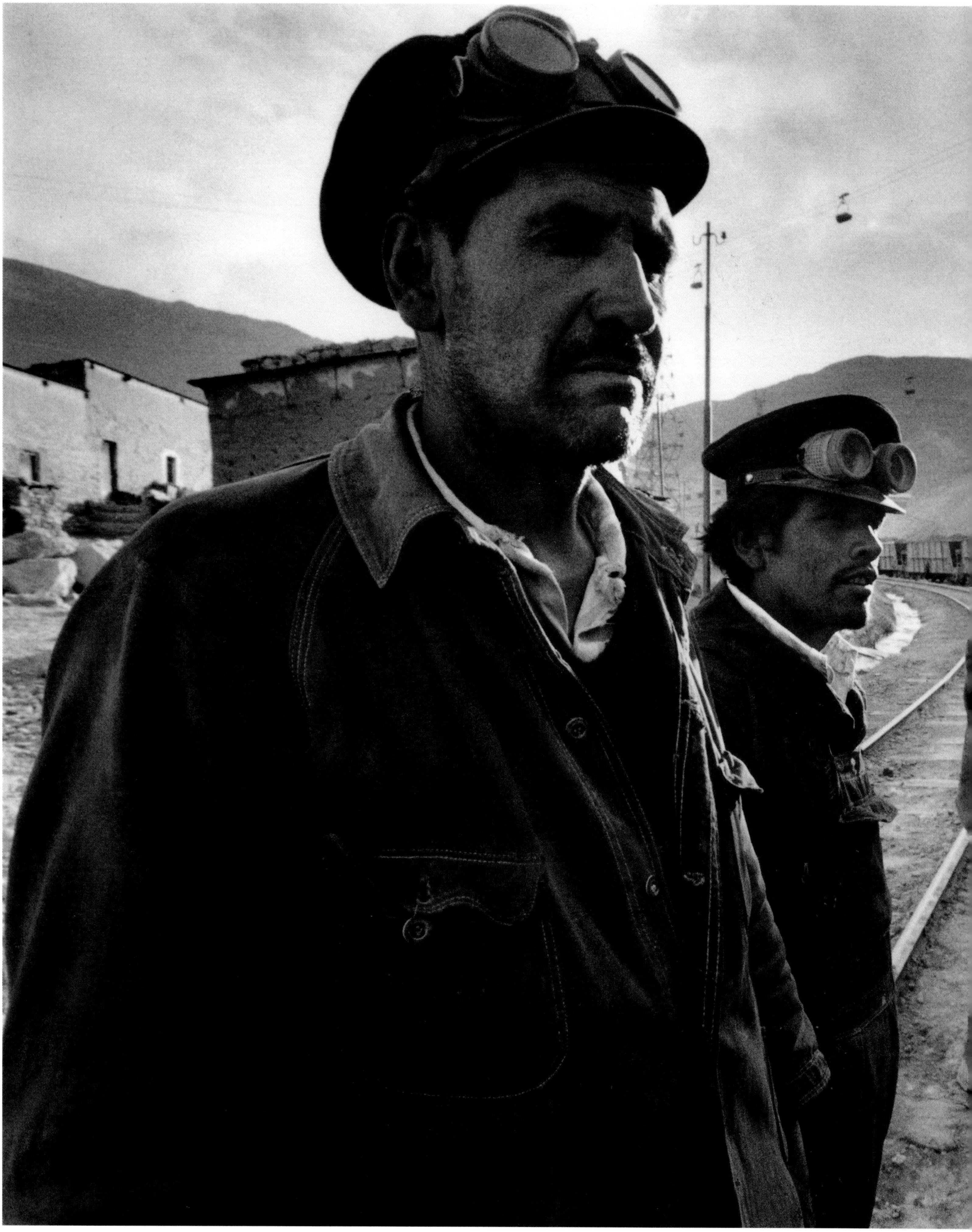

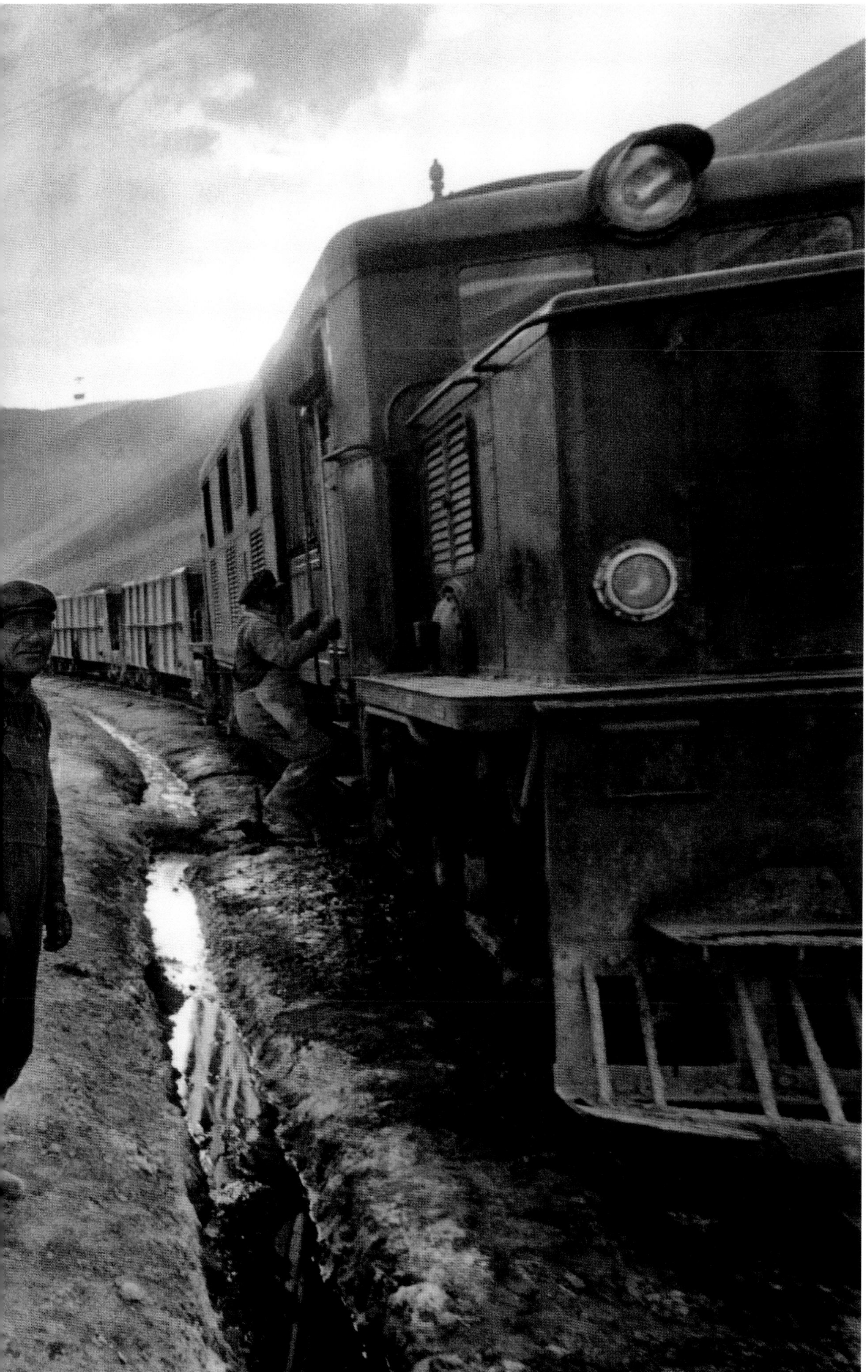

Bolívia, 1977

Brasil, 1981

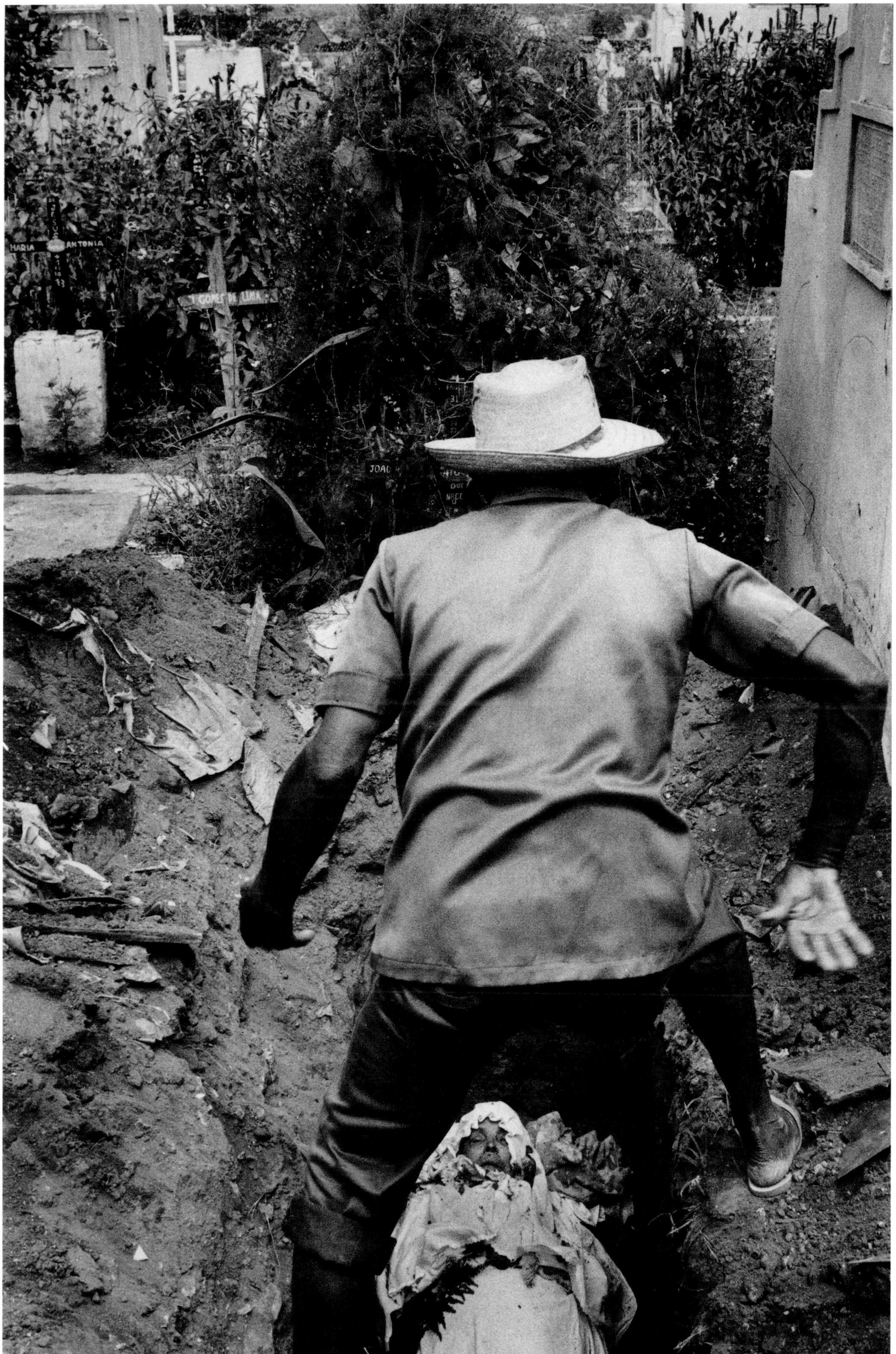
MARIA ANTONIA
GOMES DE LIMA

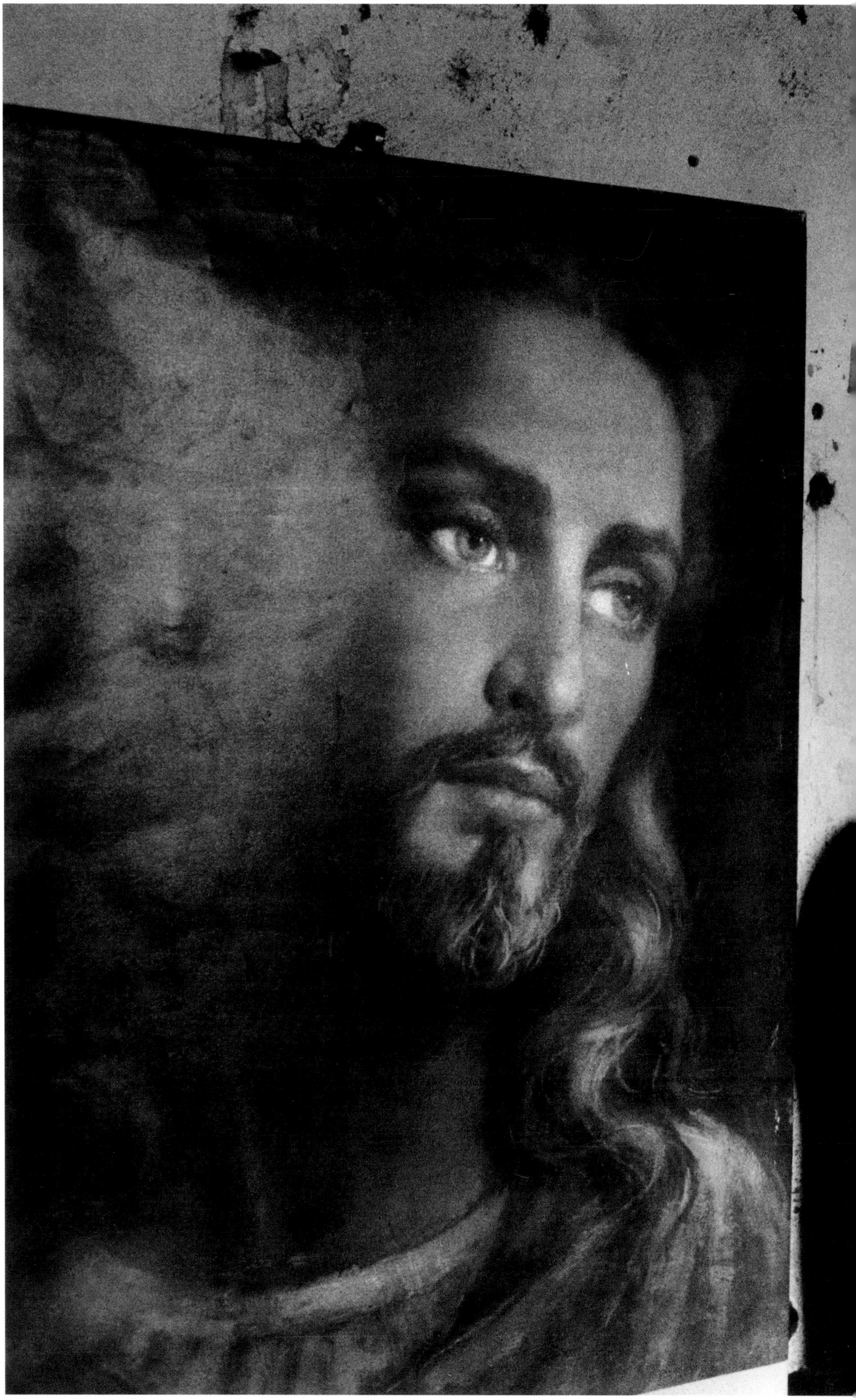

Brasil, 1983

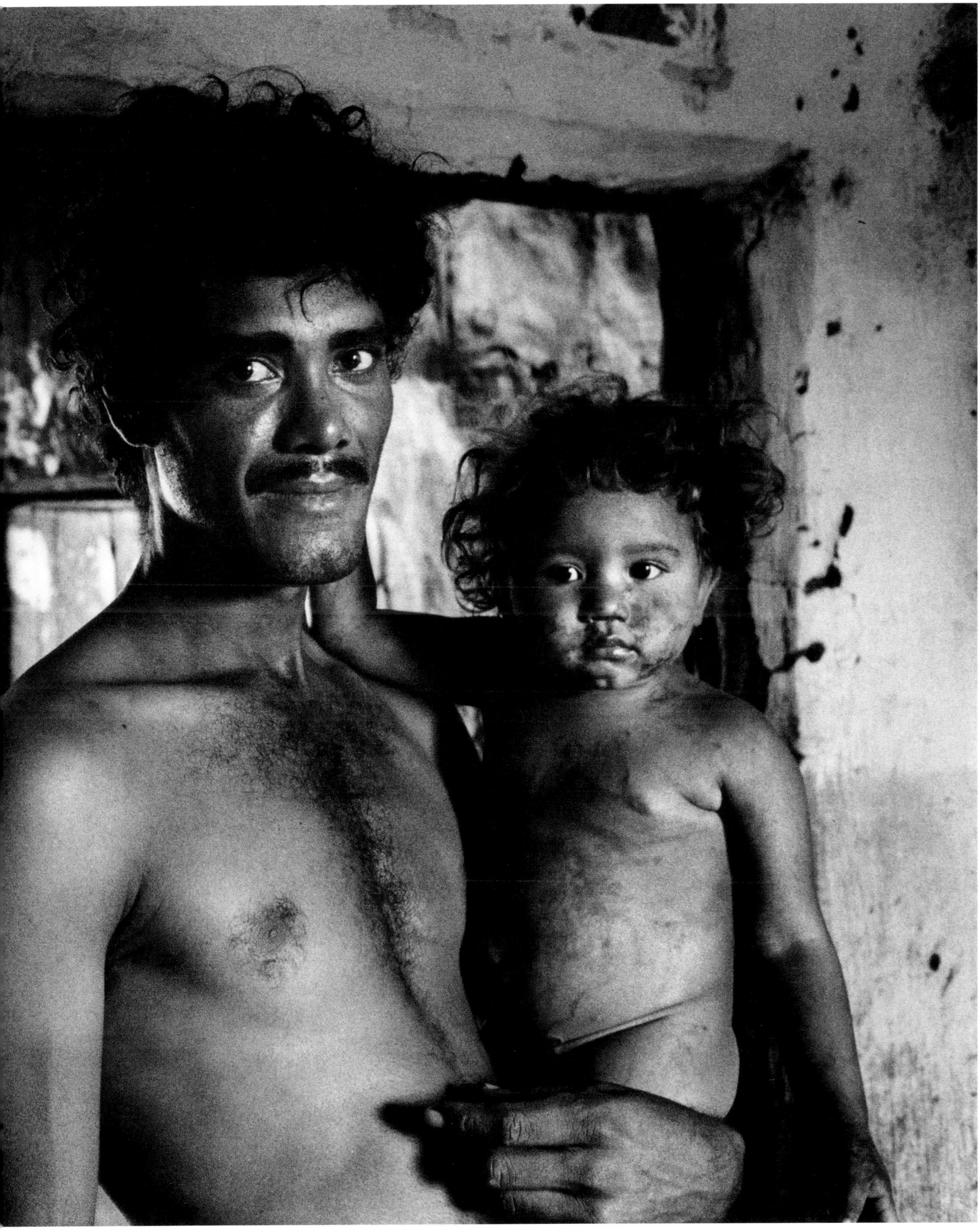

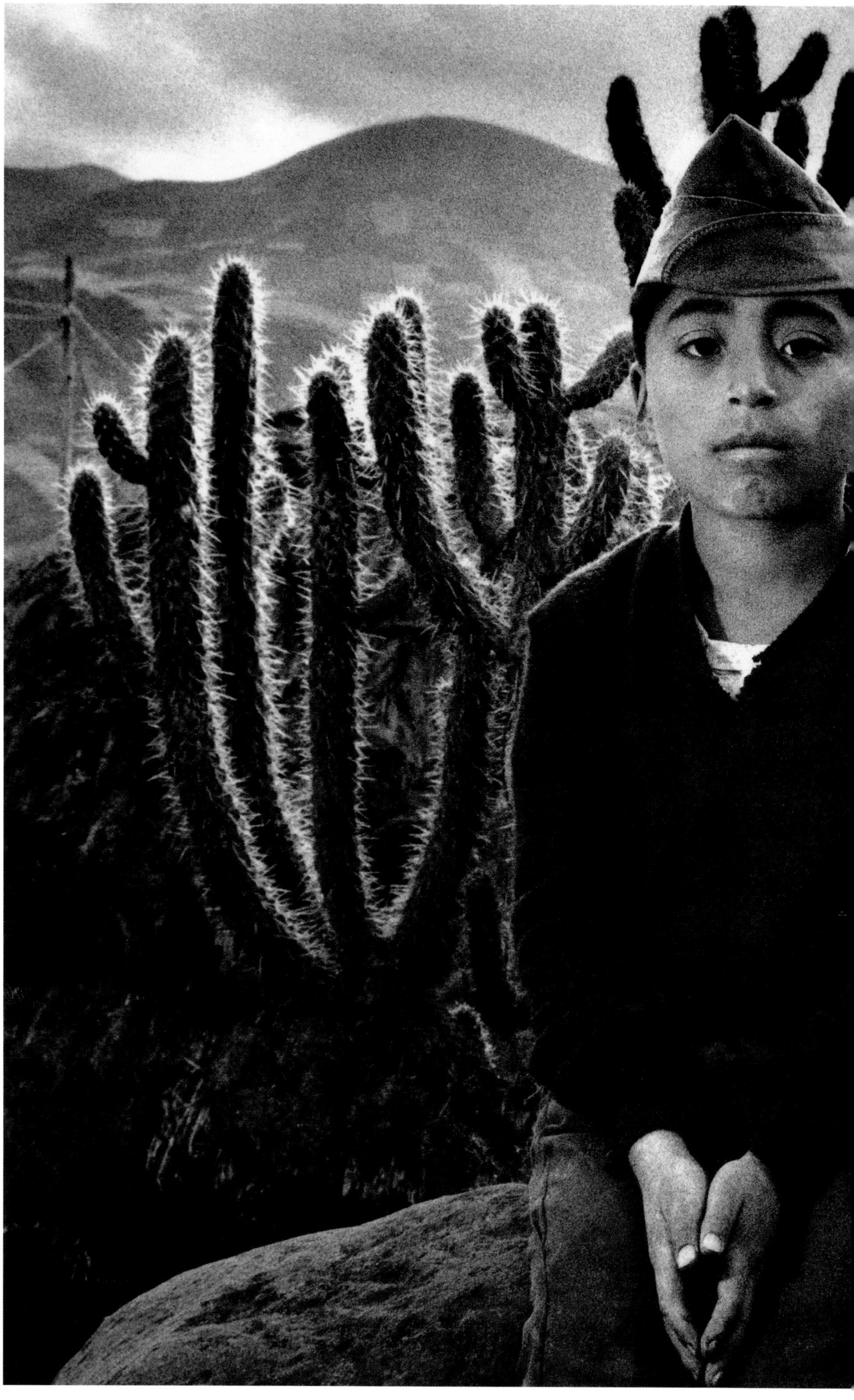

Equador, 1982

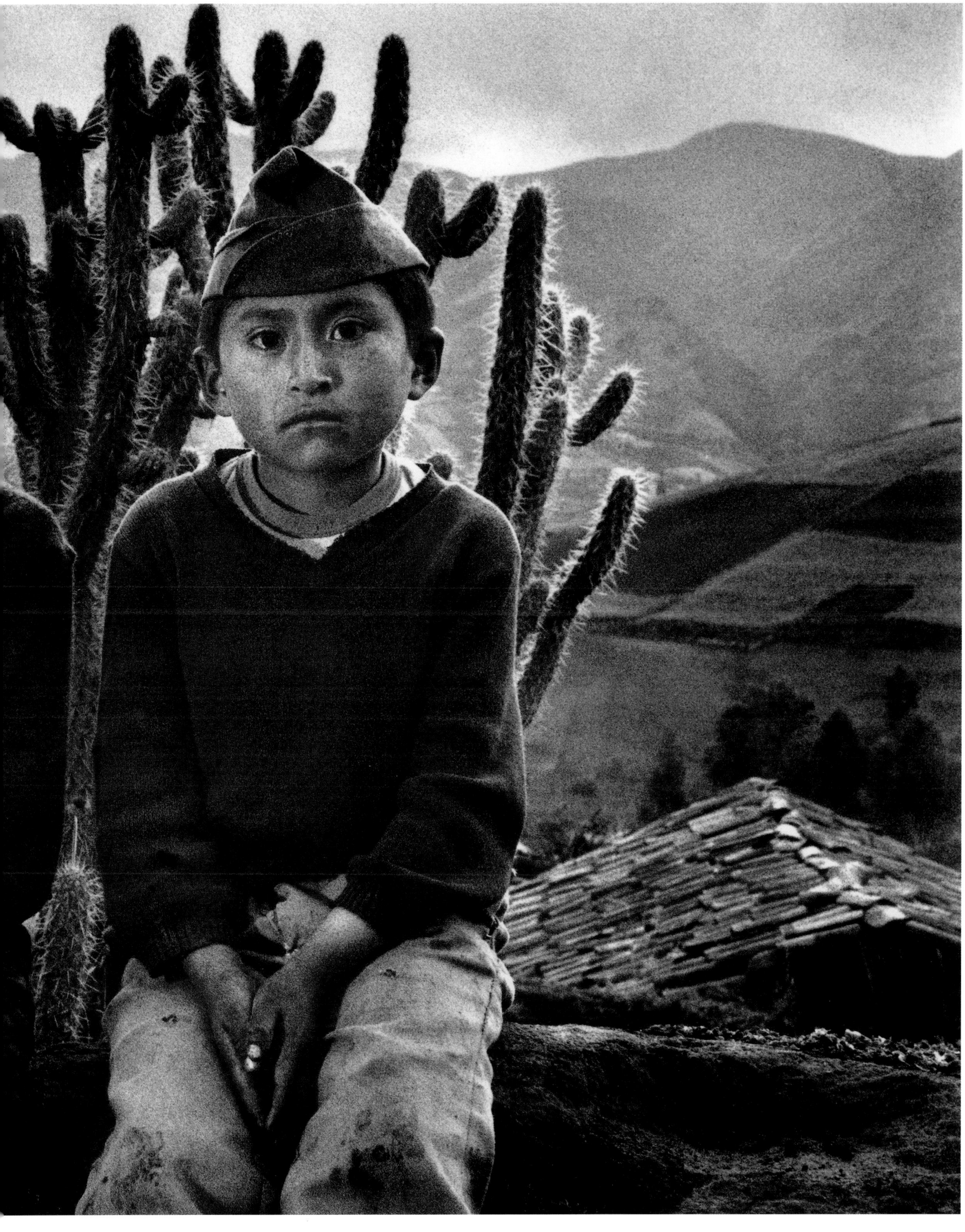

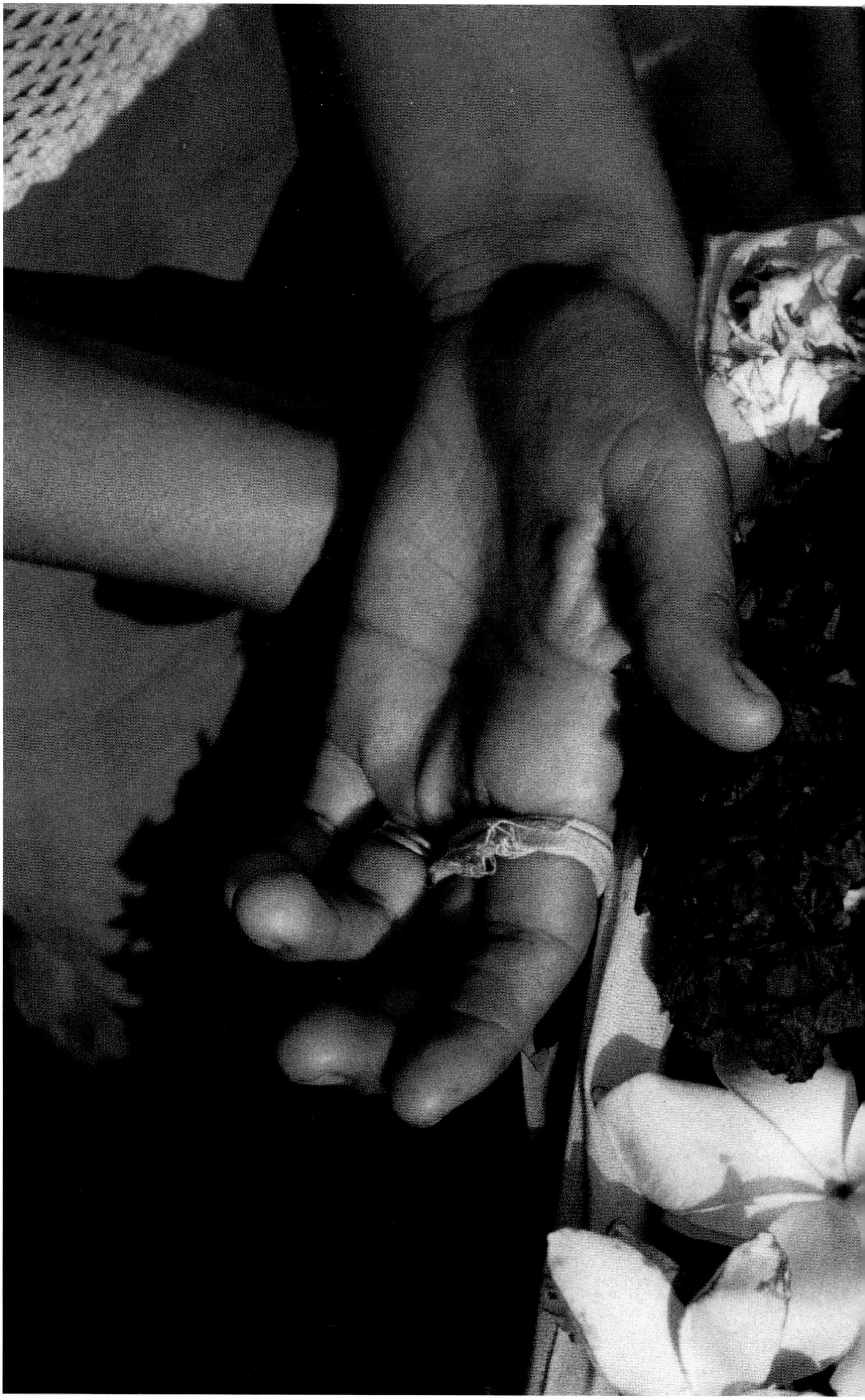

Brasil, 1983

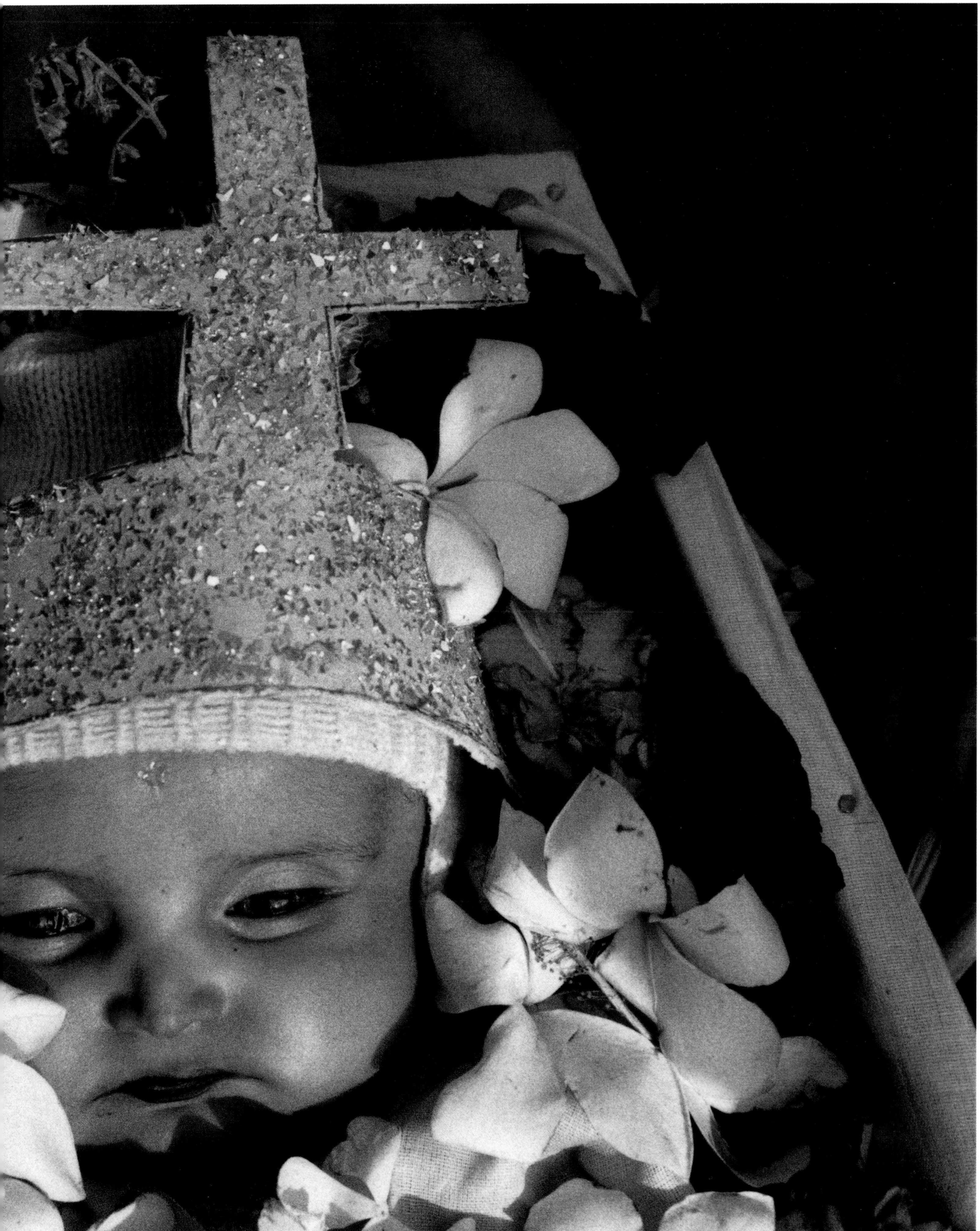

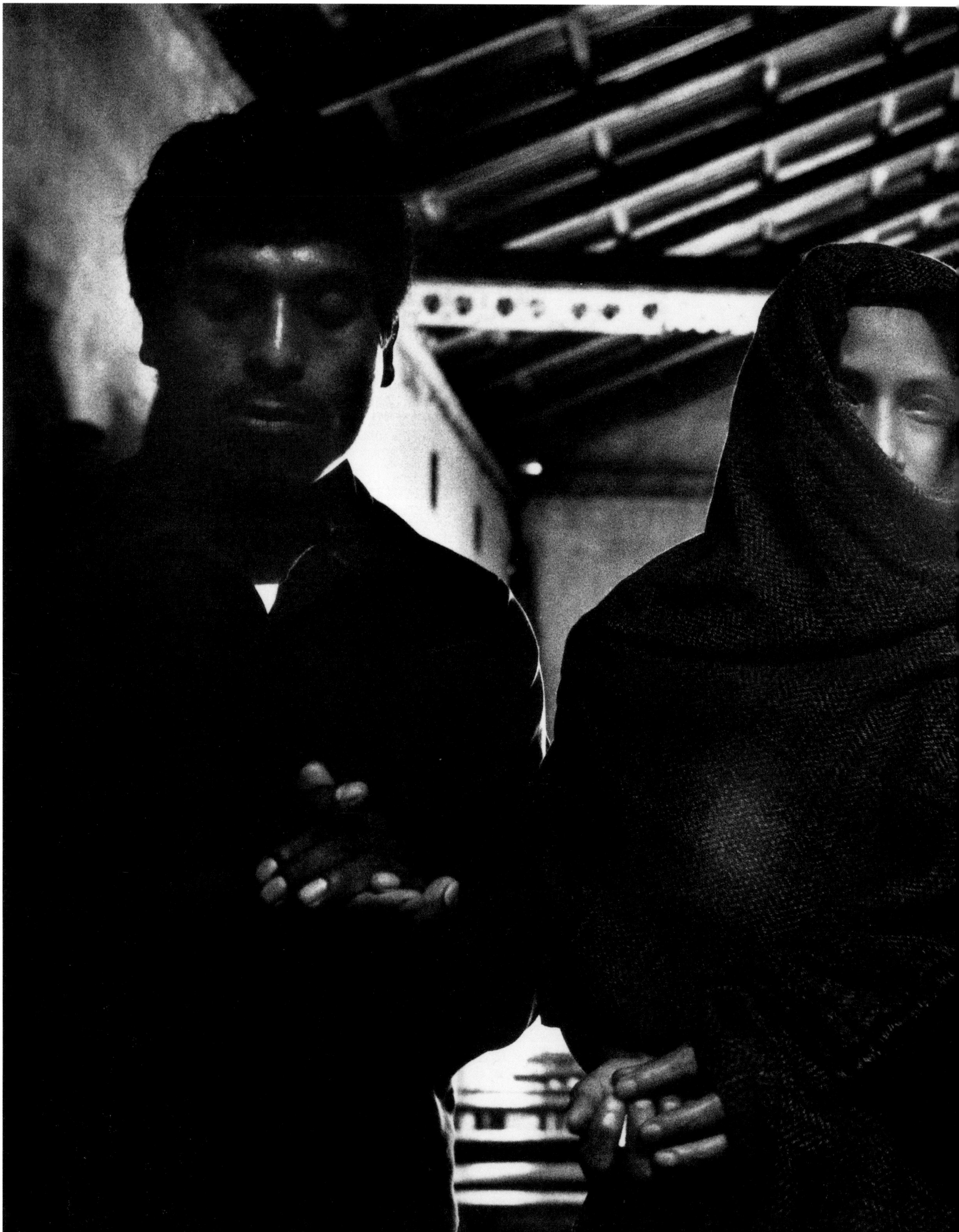

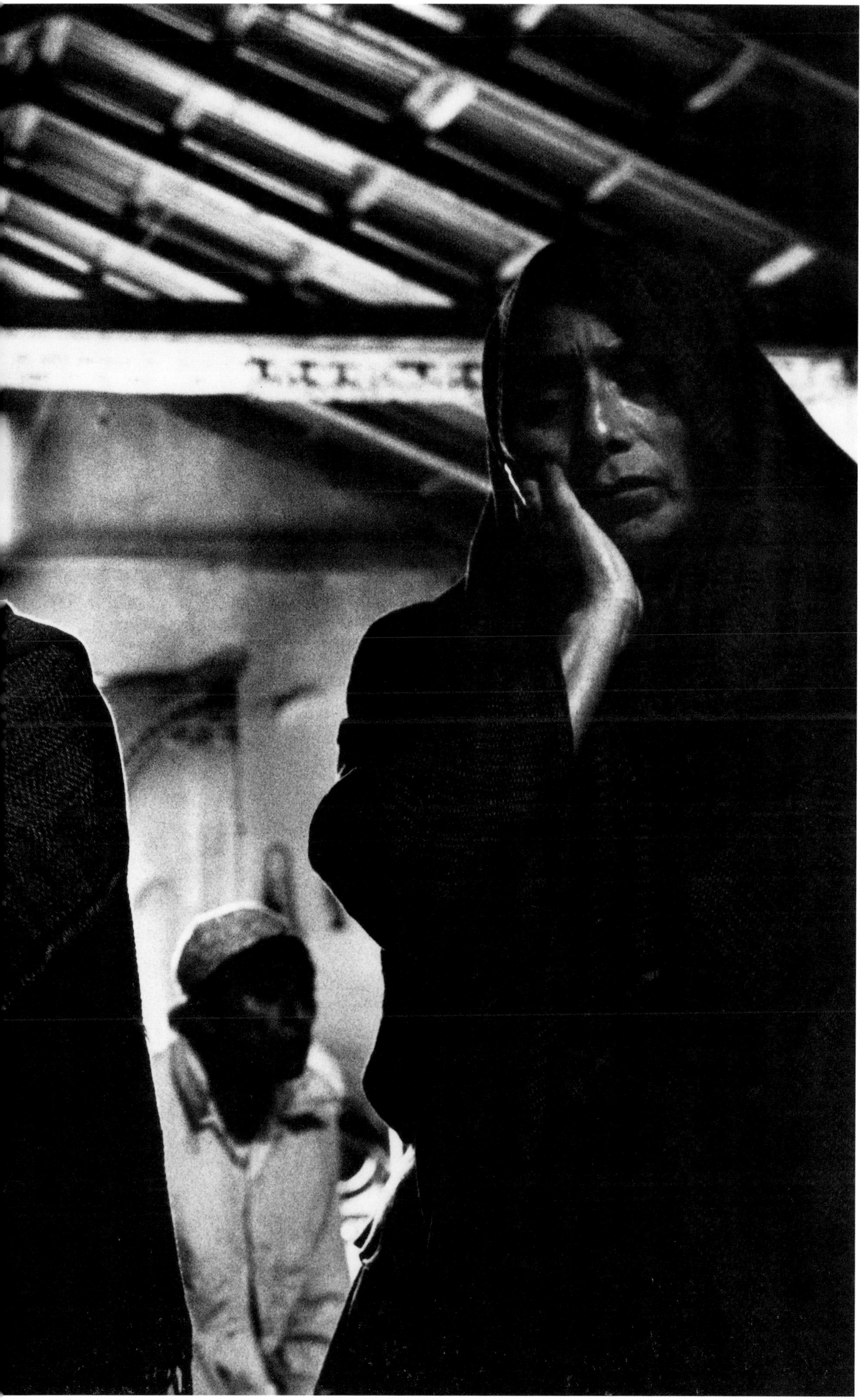

México, 1980

Peru, 1977

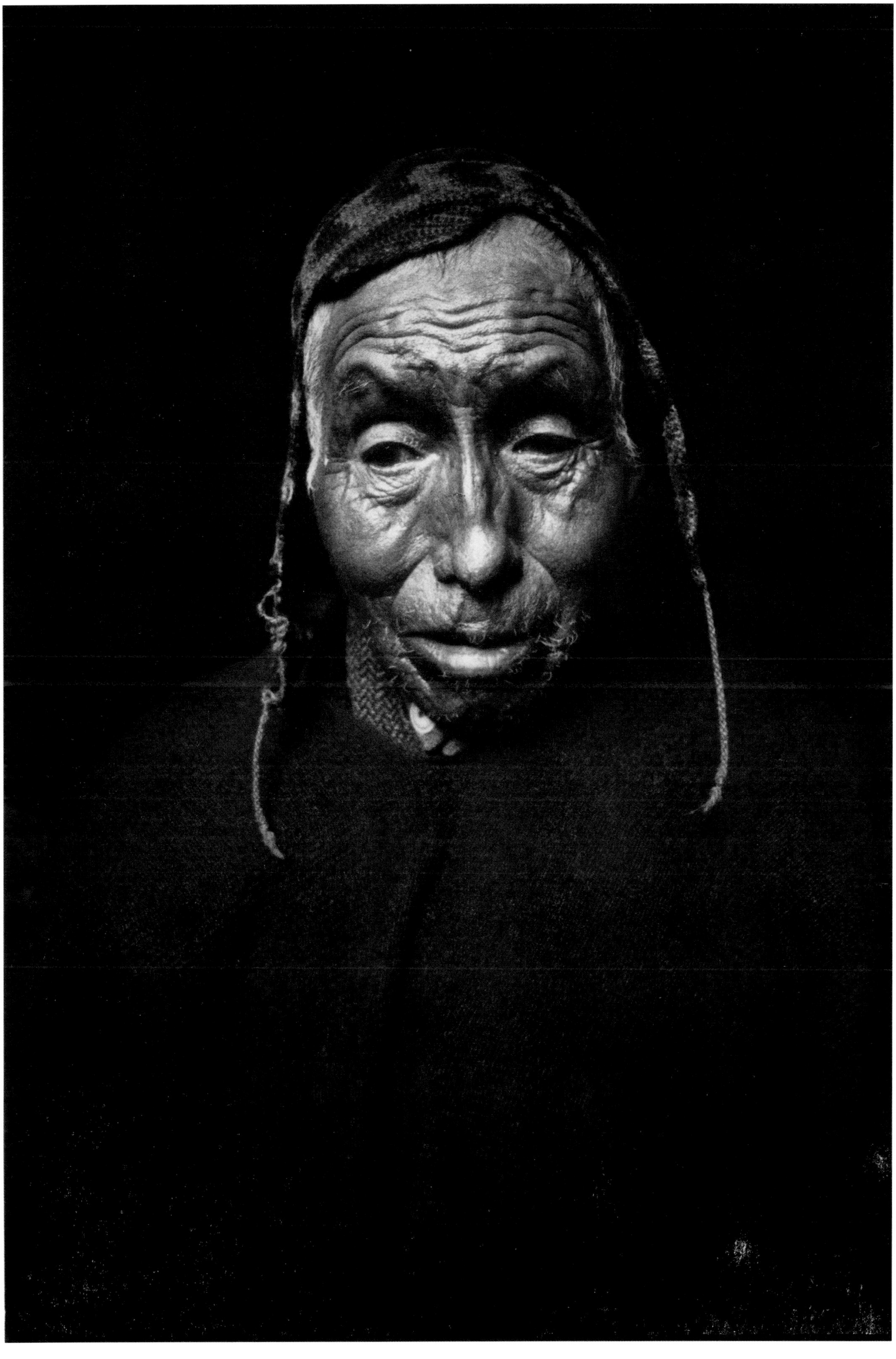

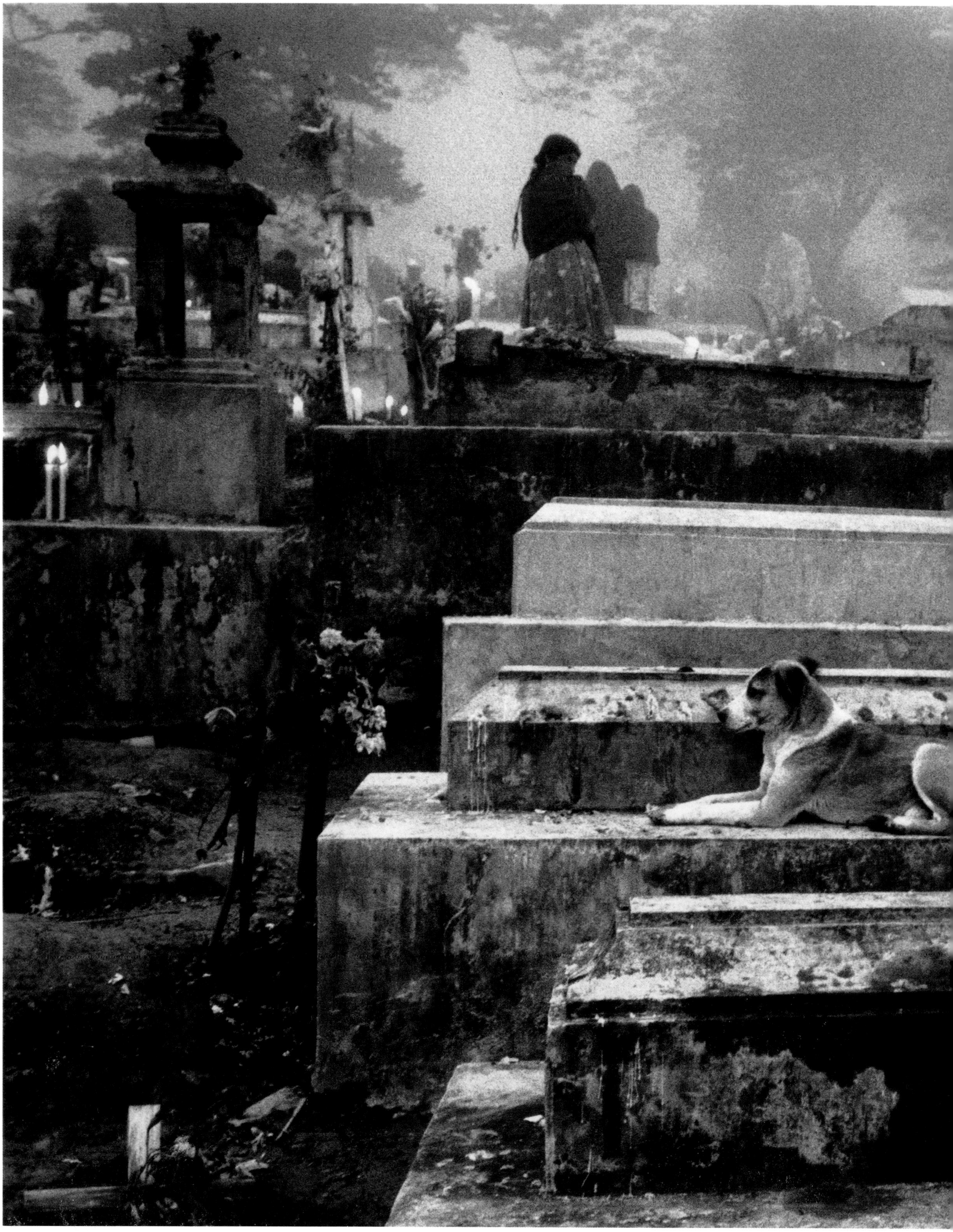

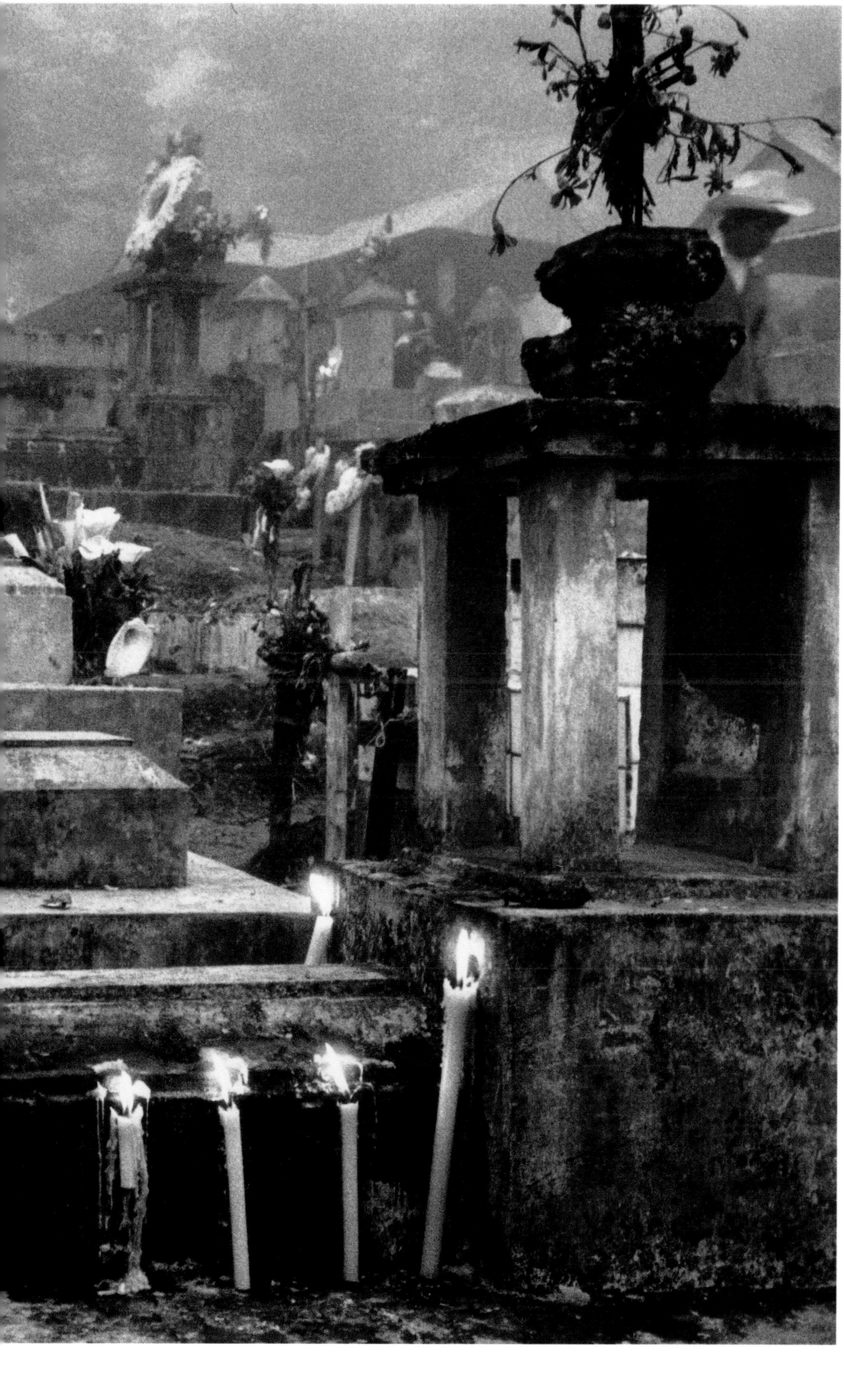

México, 1980

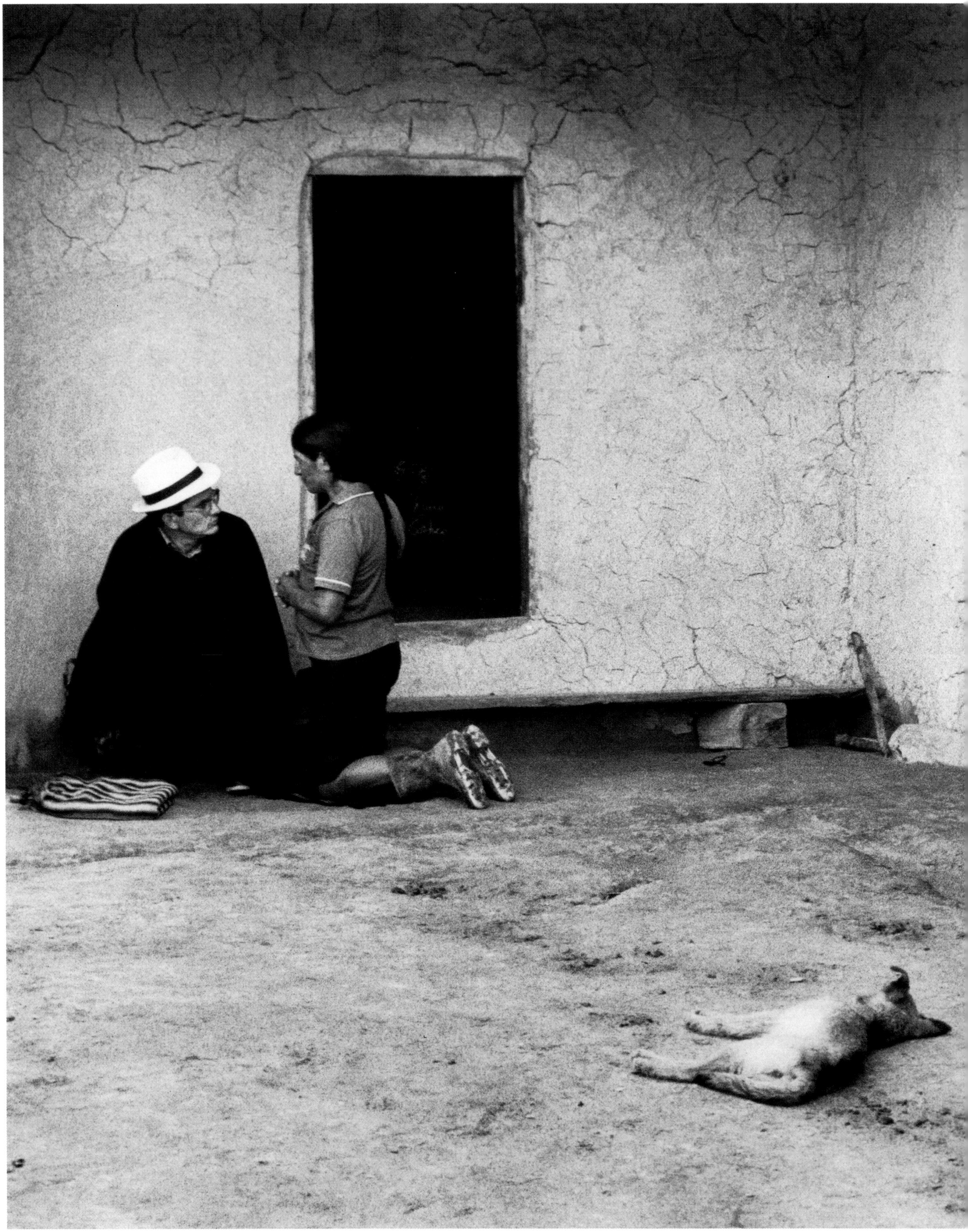

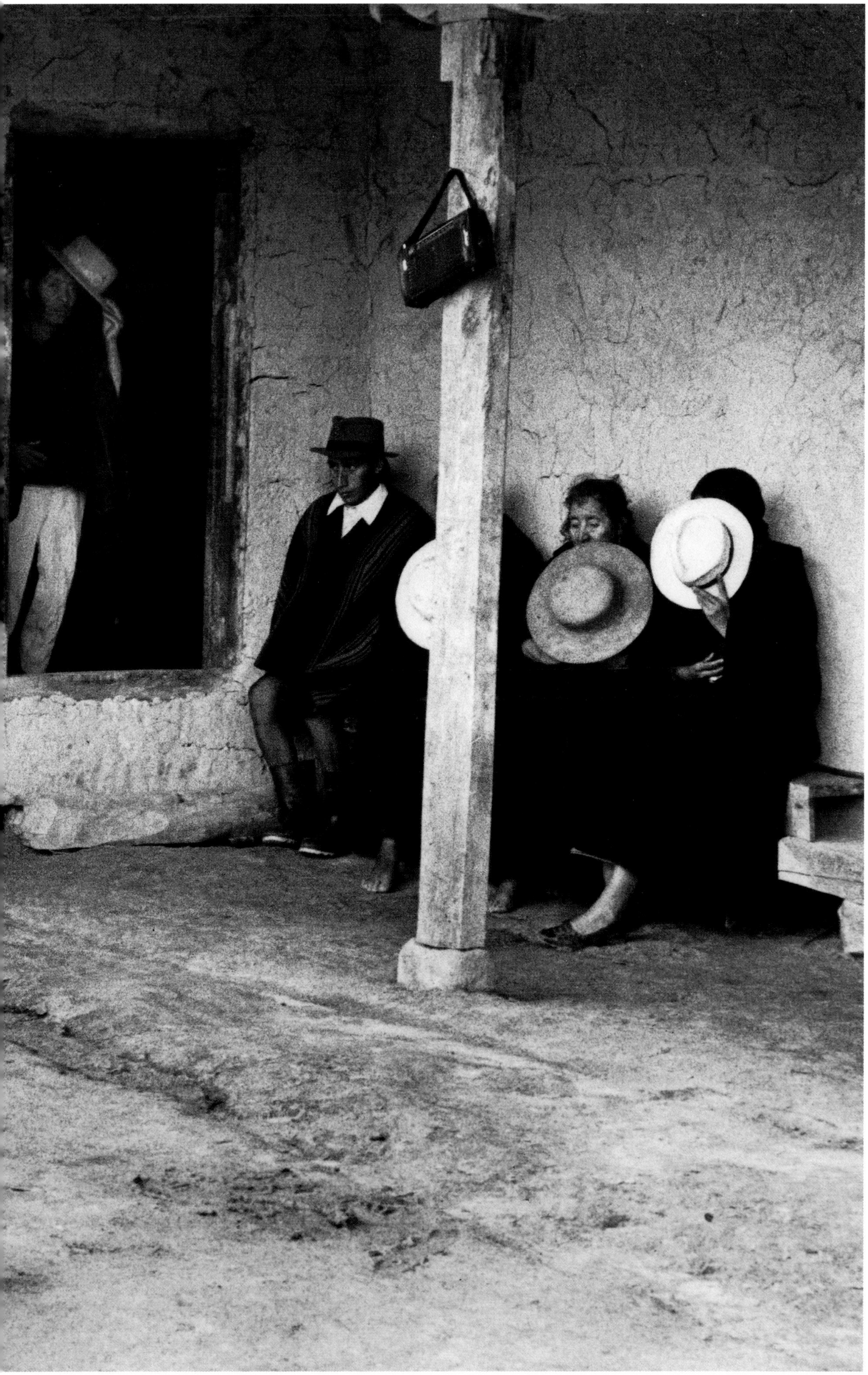

Equador, 1982

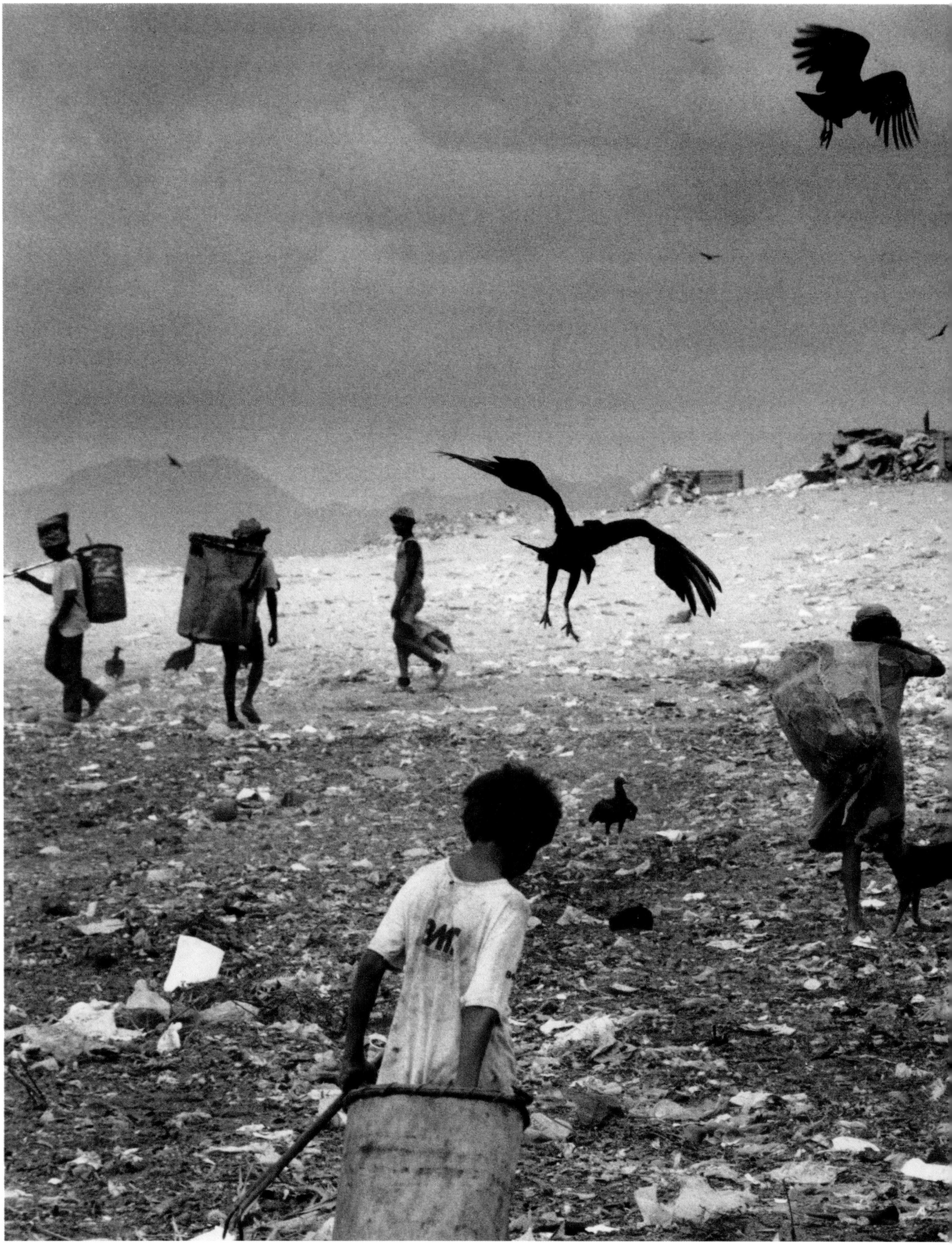

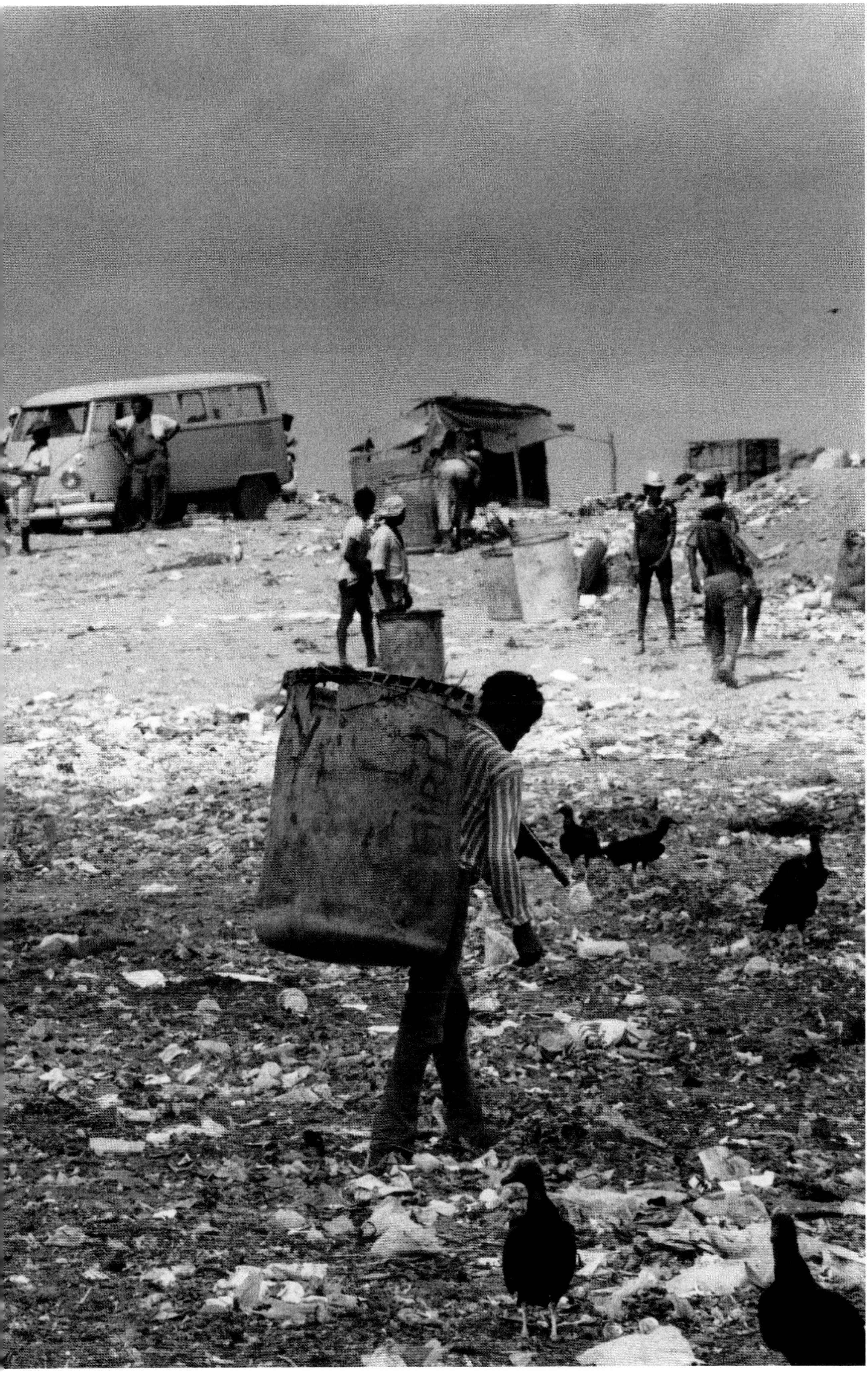

Brasil, 1983

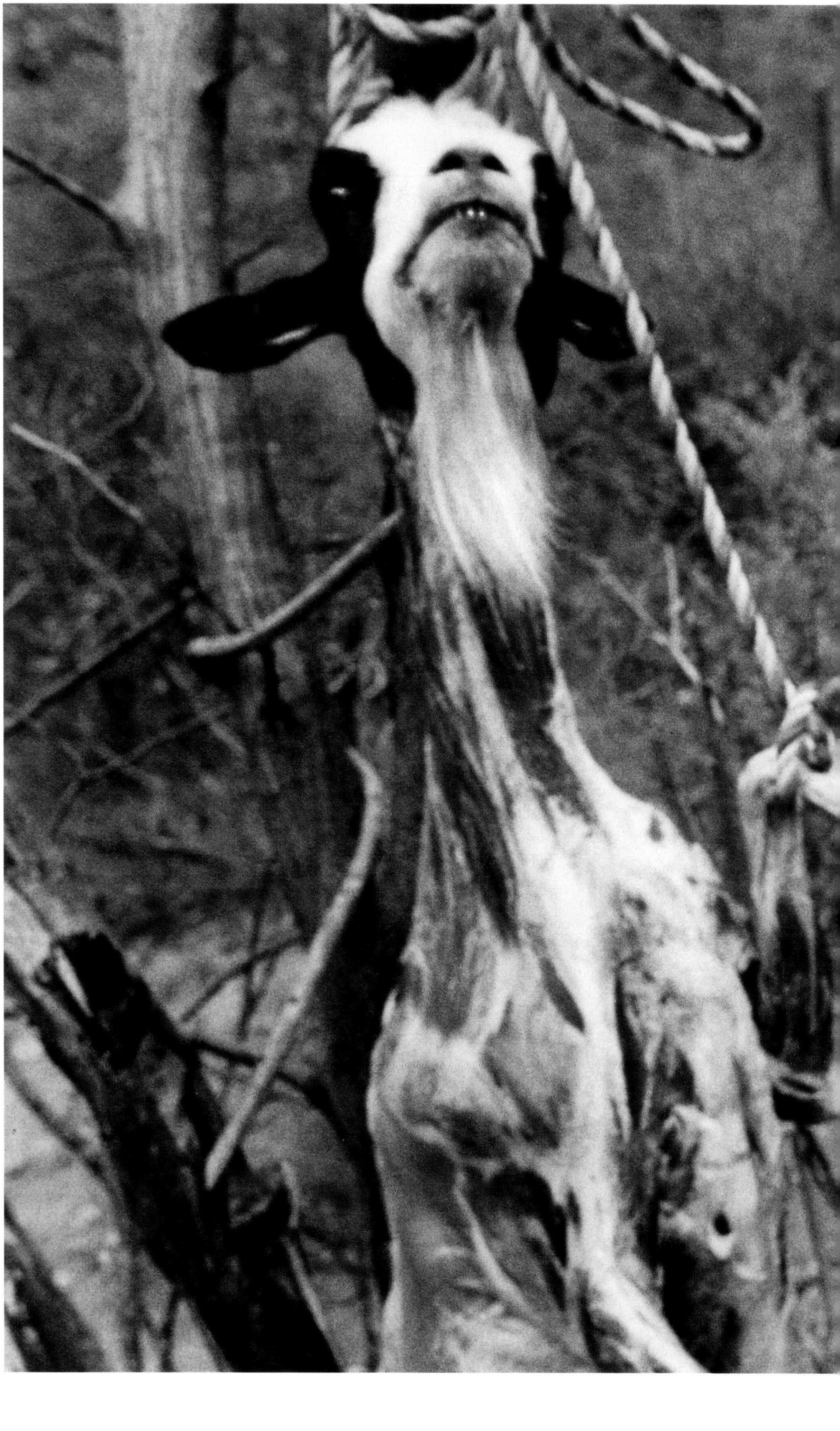

México, 1984

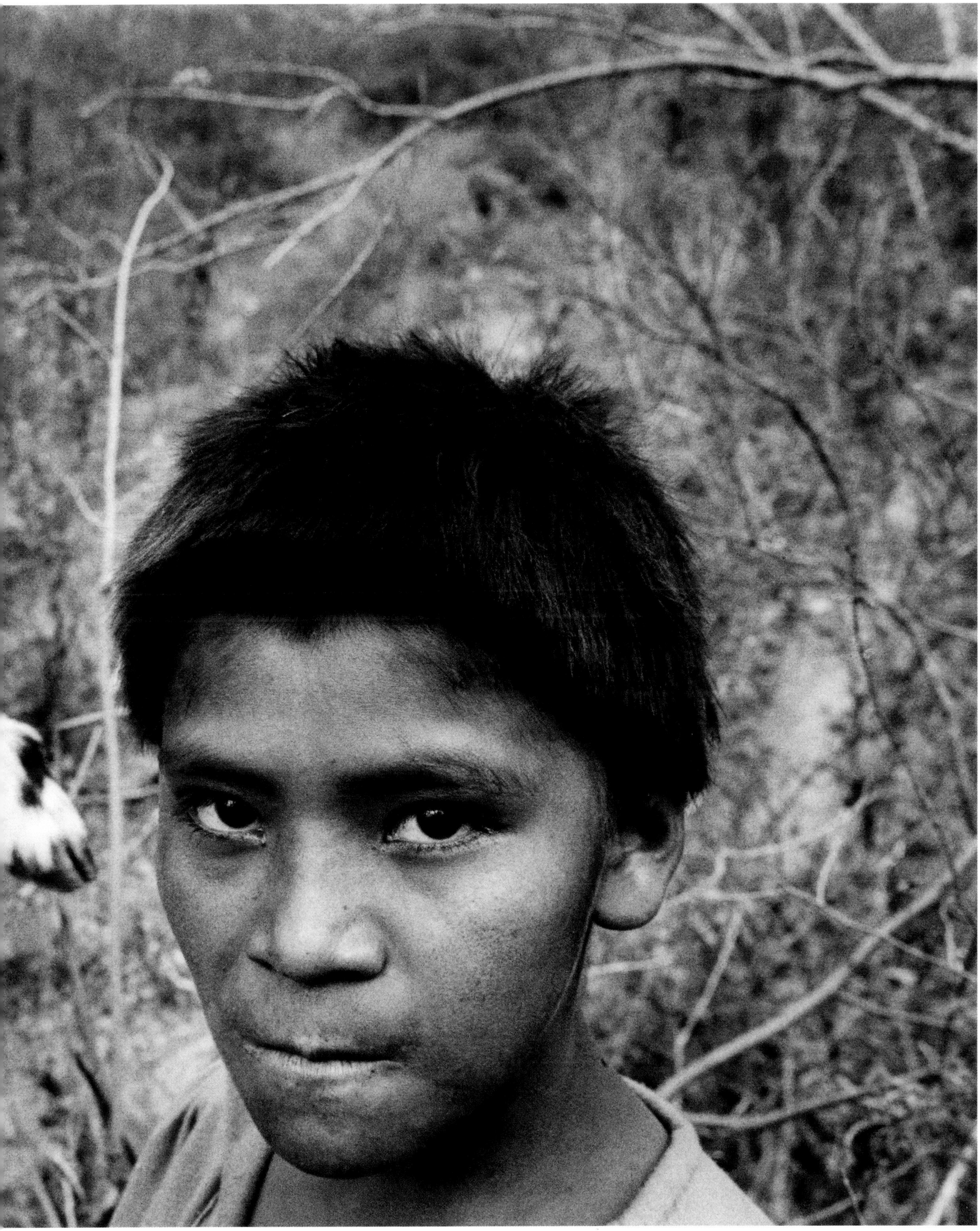

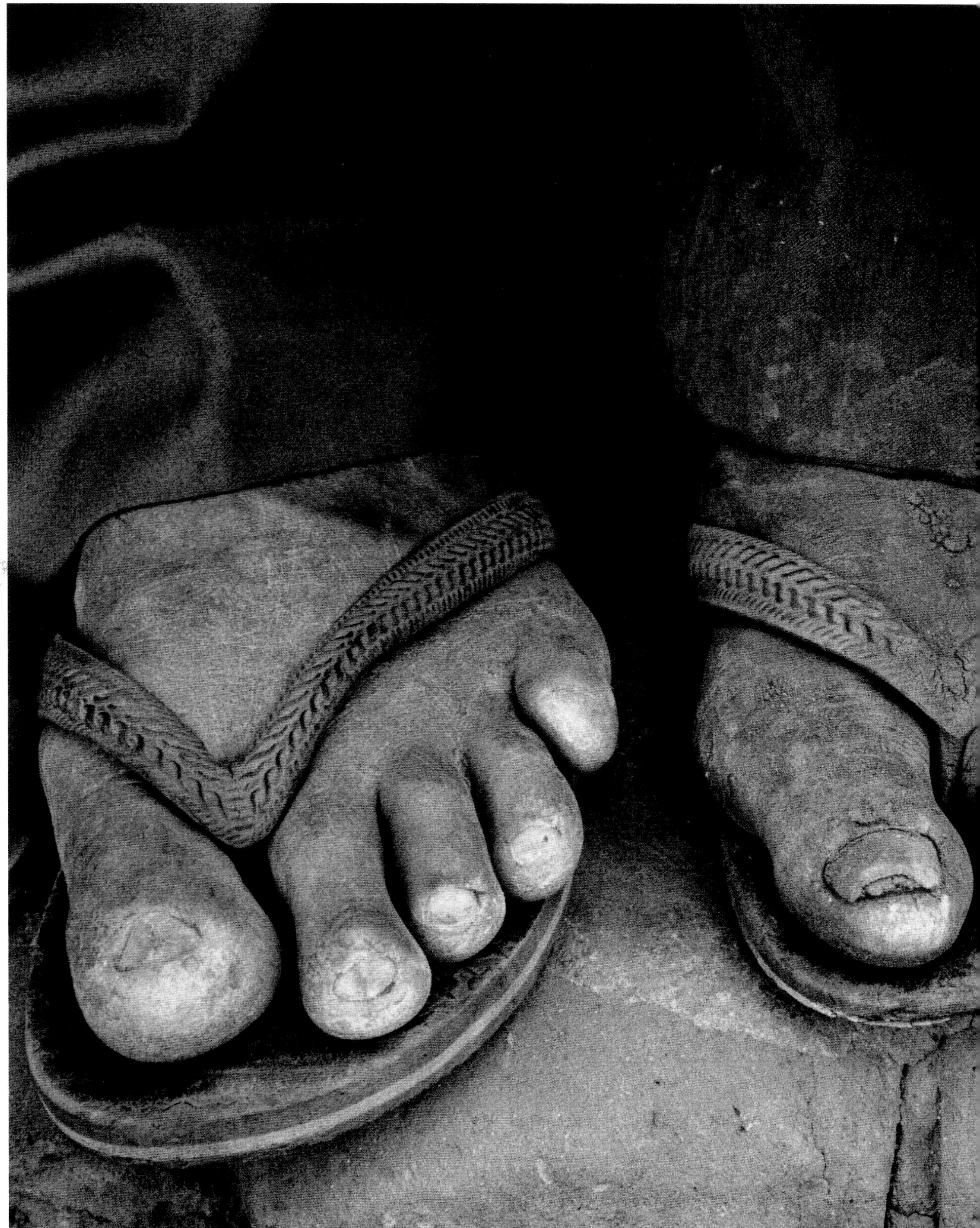

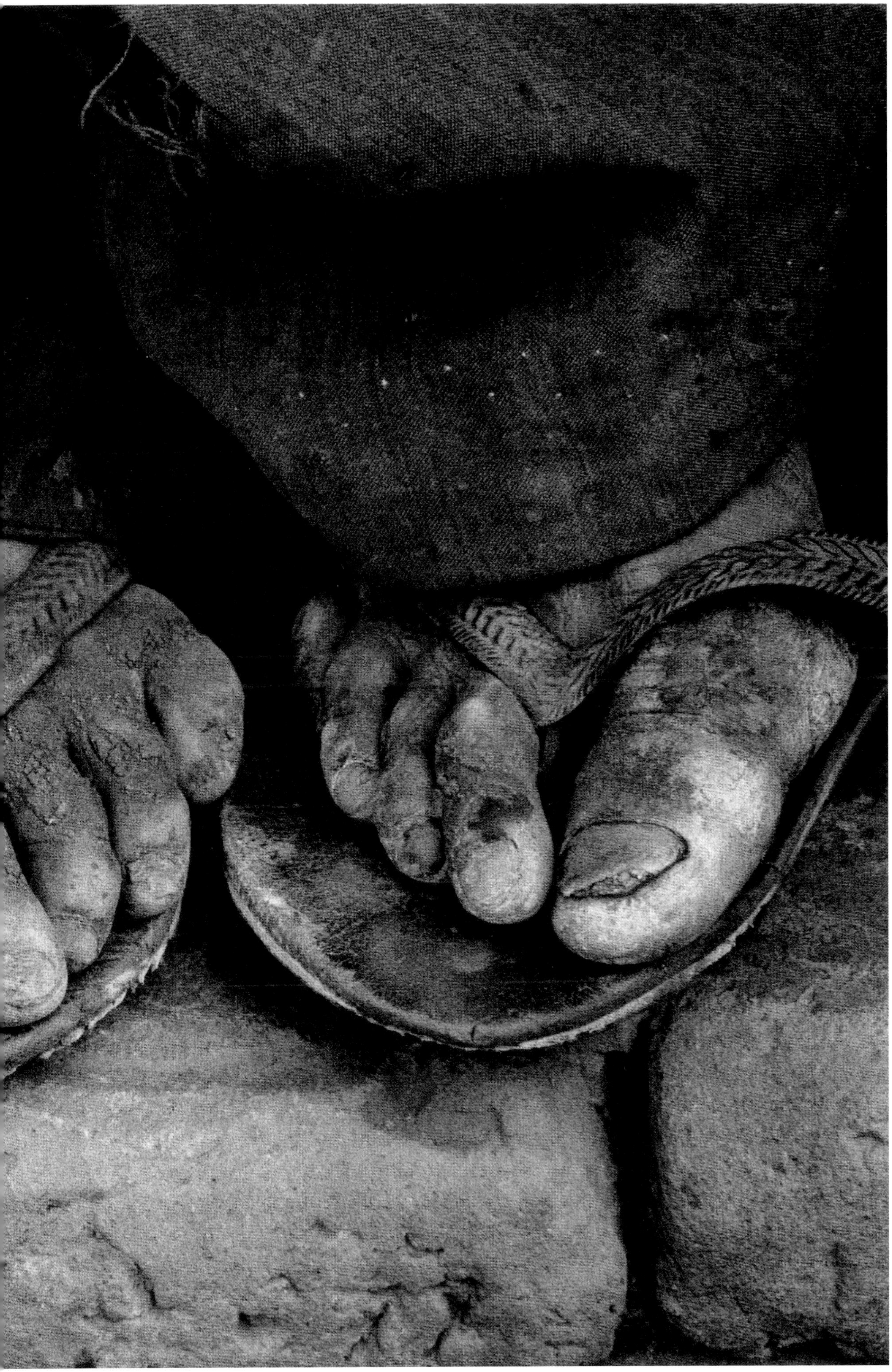

Brasil, 1983

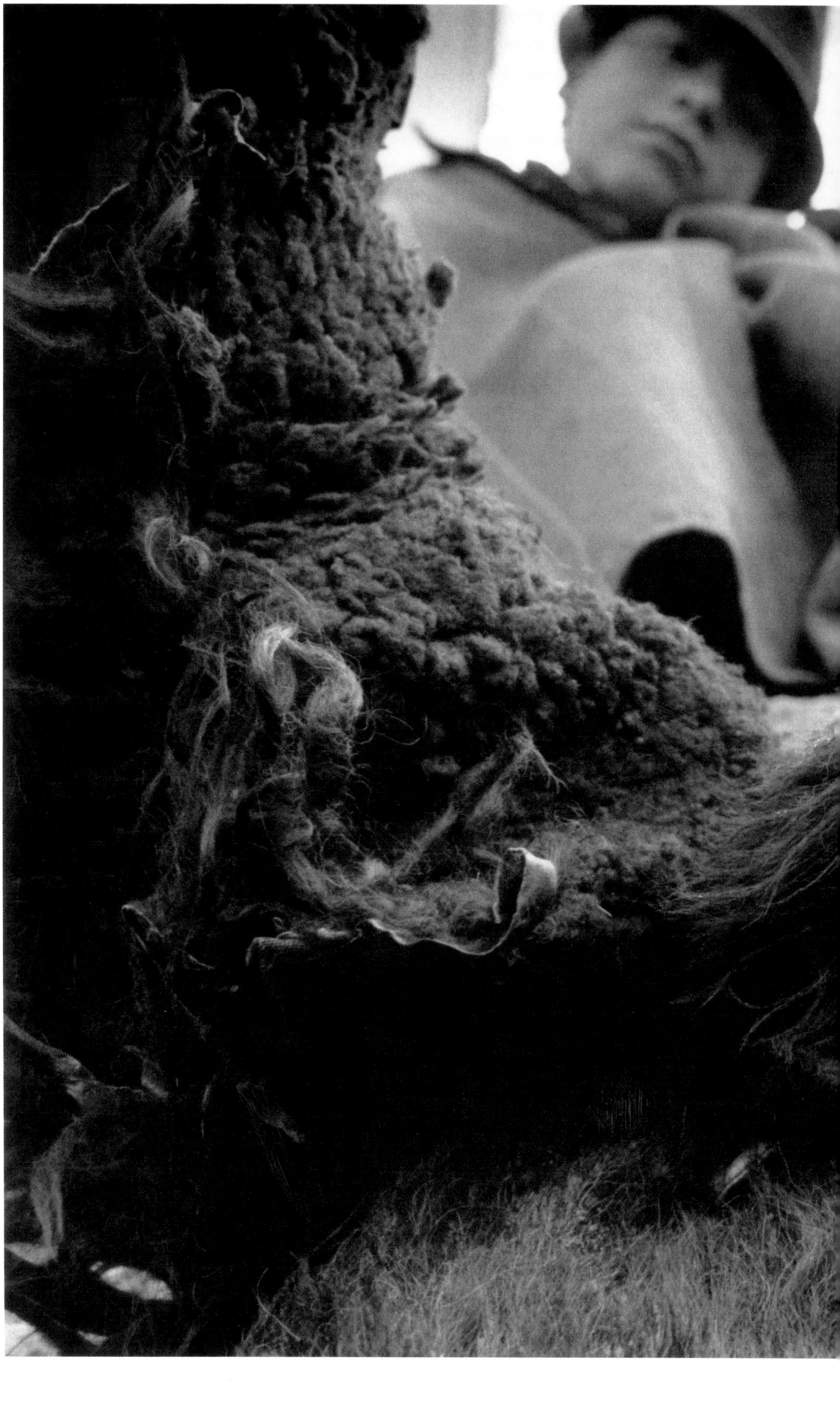

Equador, 1982

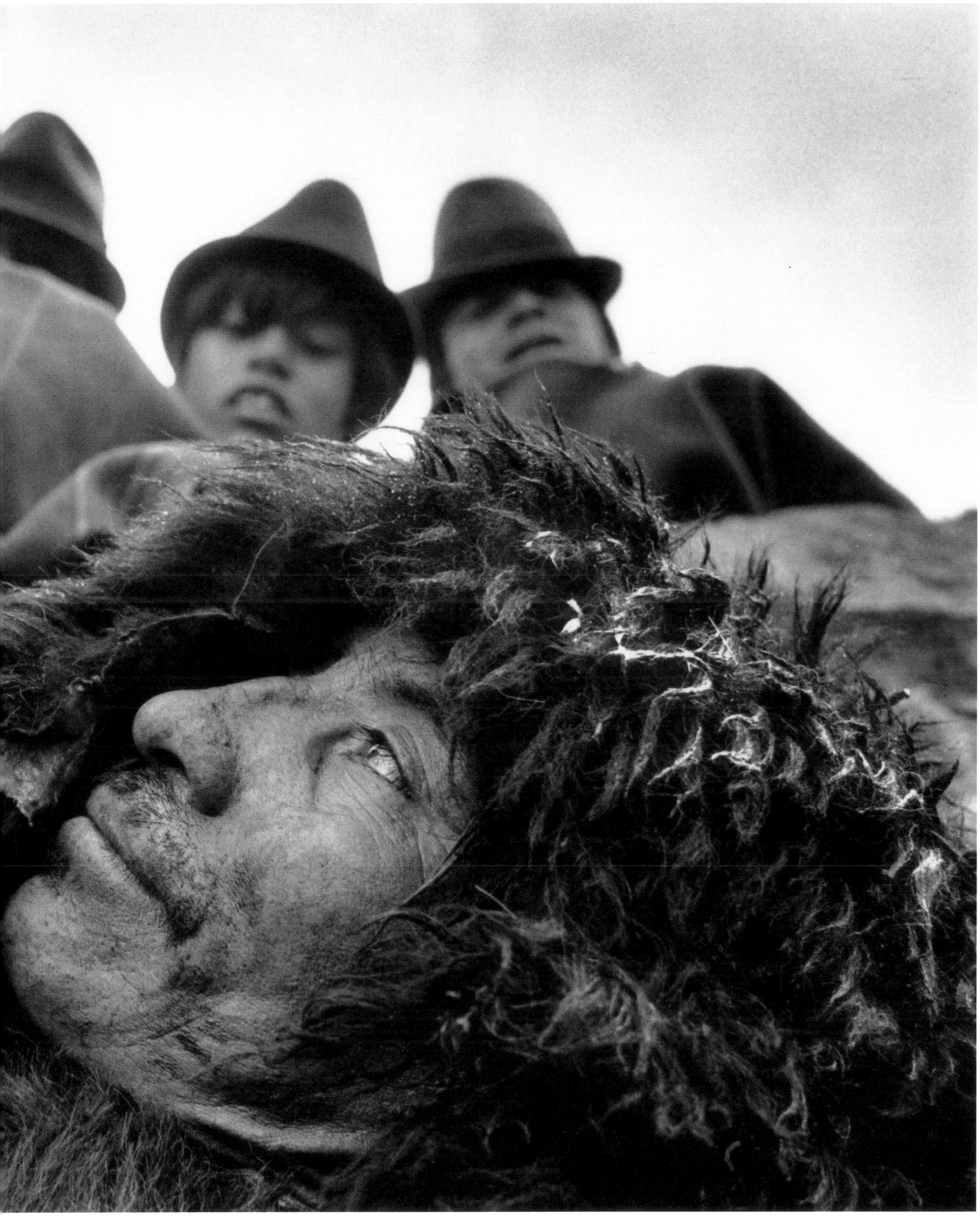

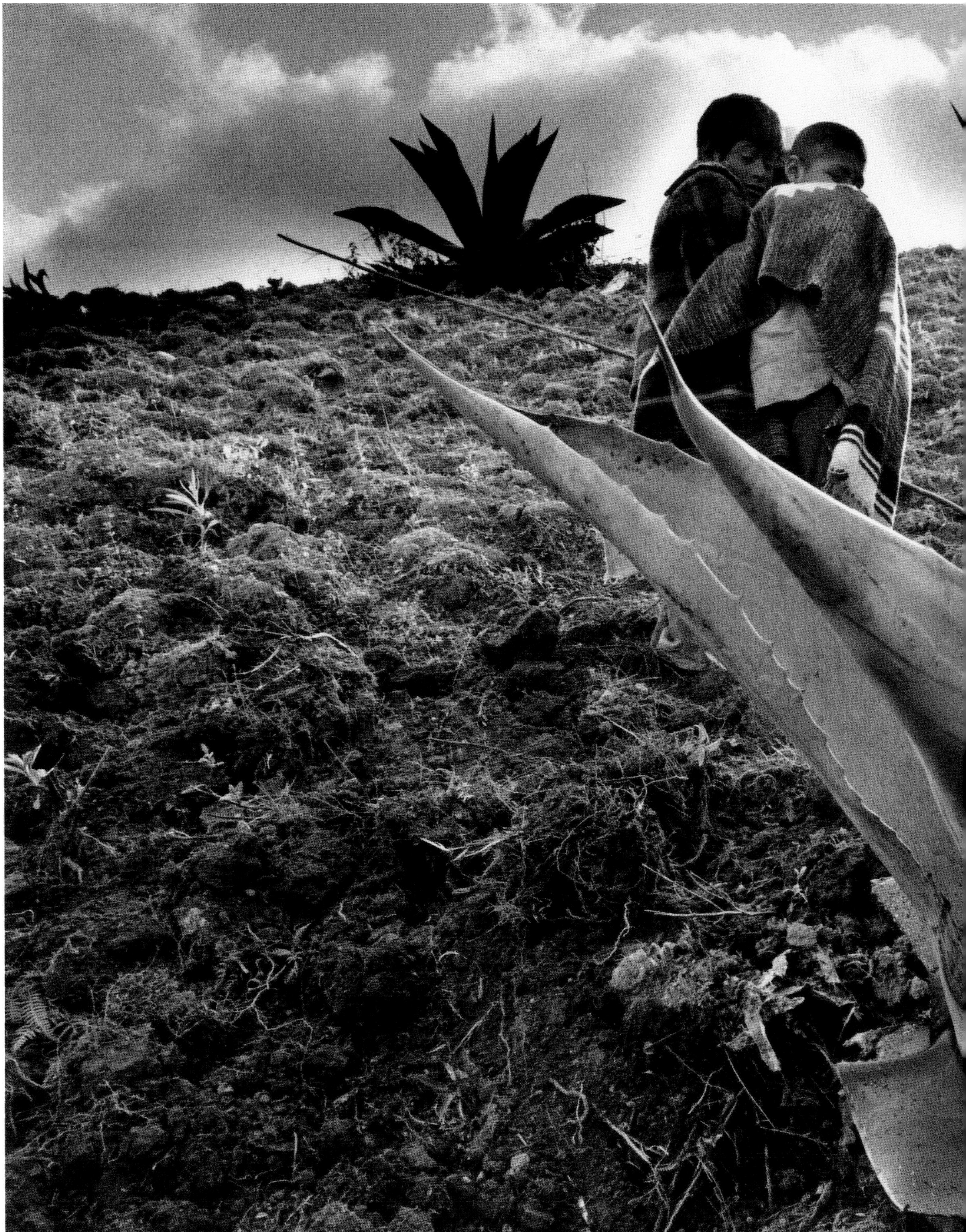

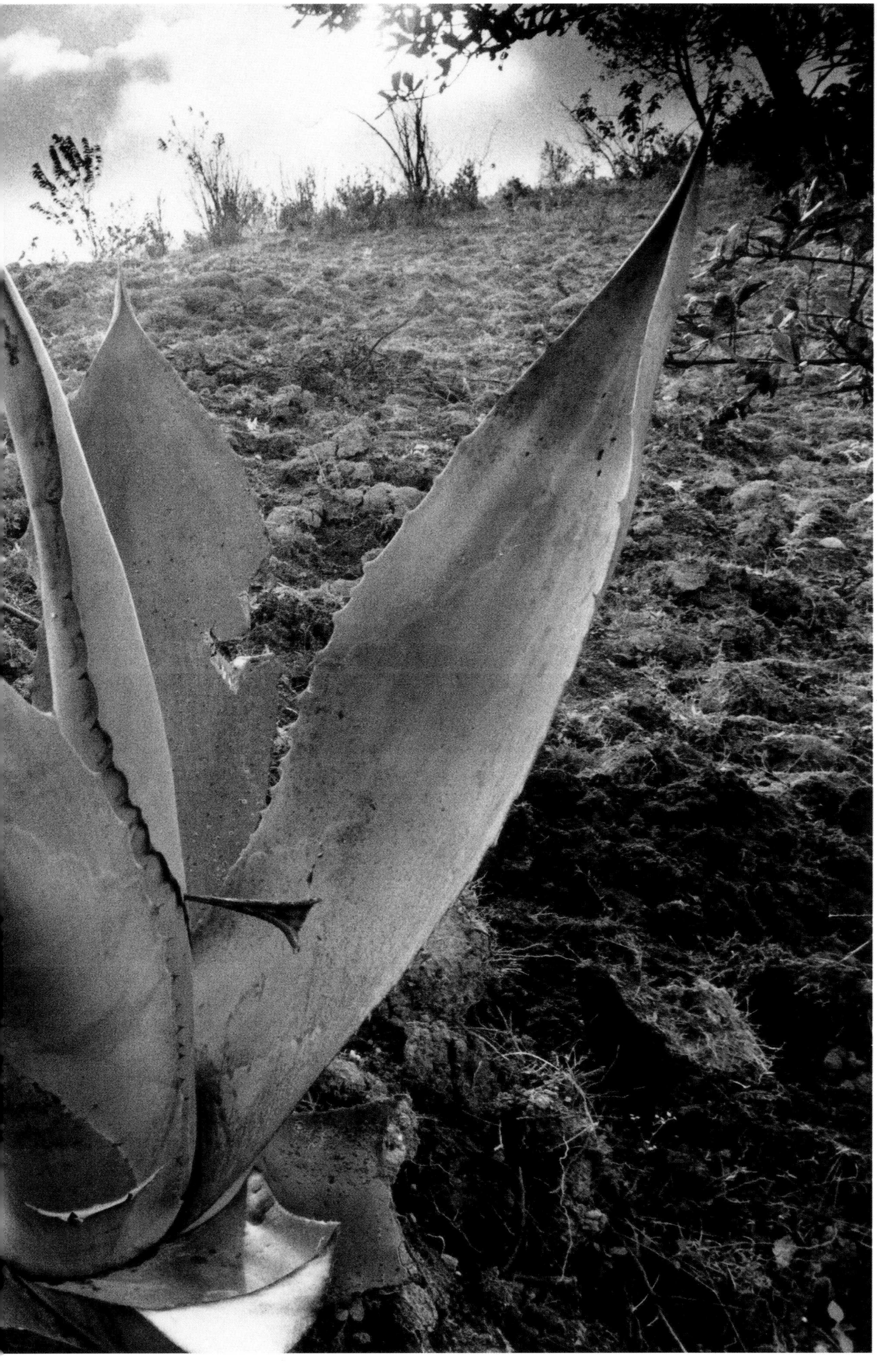

México, 1980

Peru, 1977

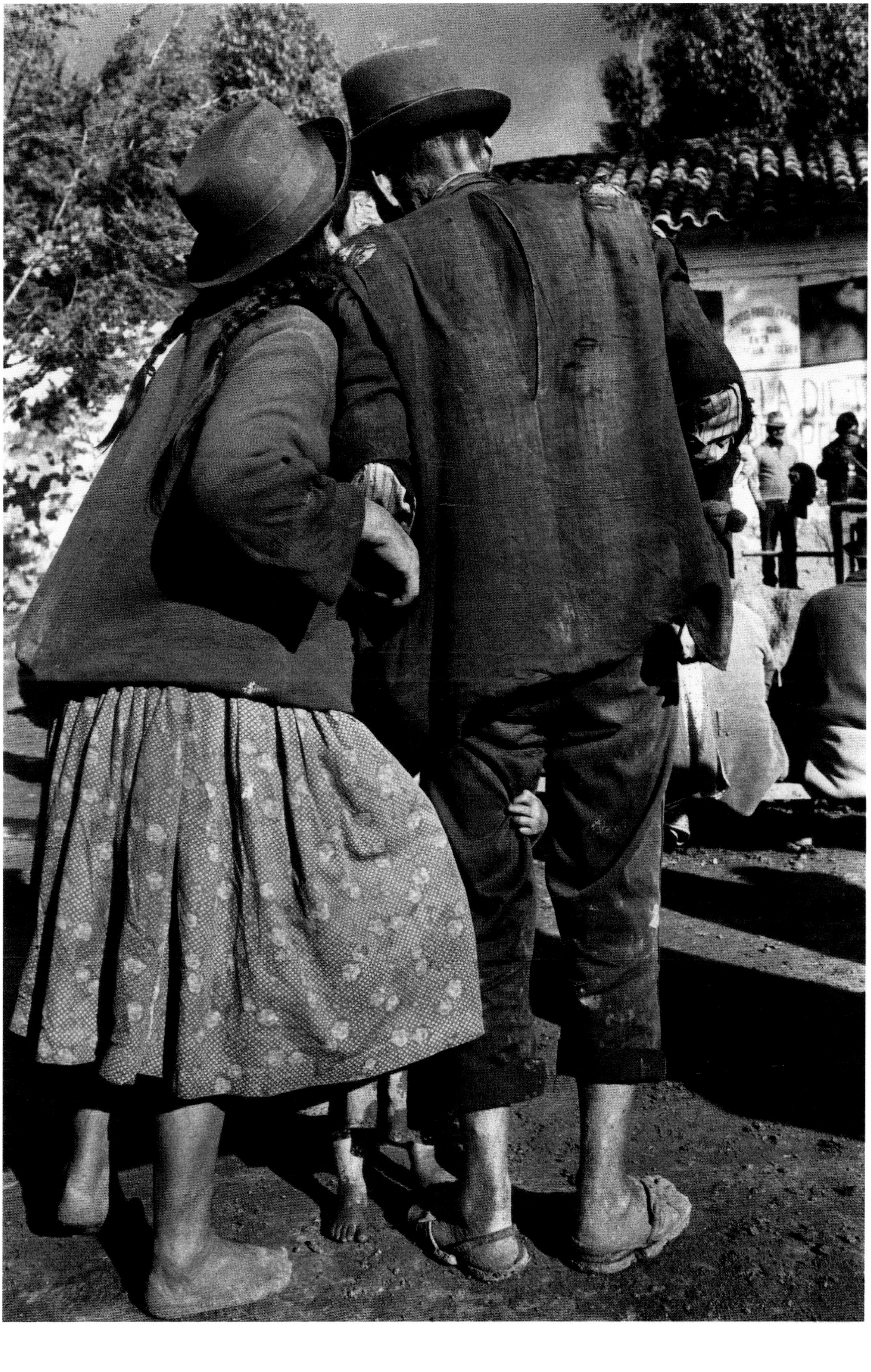

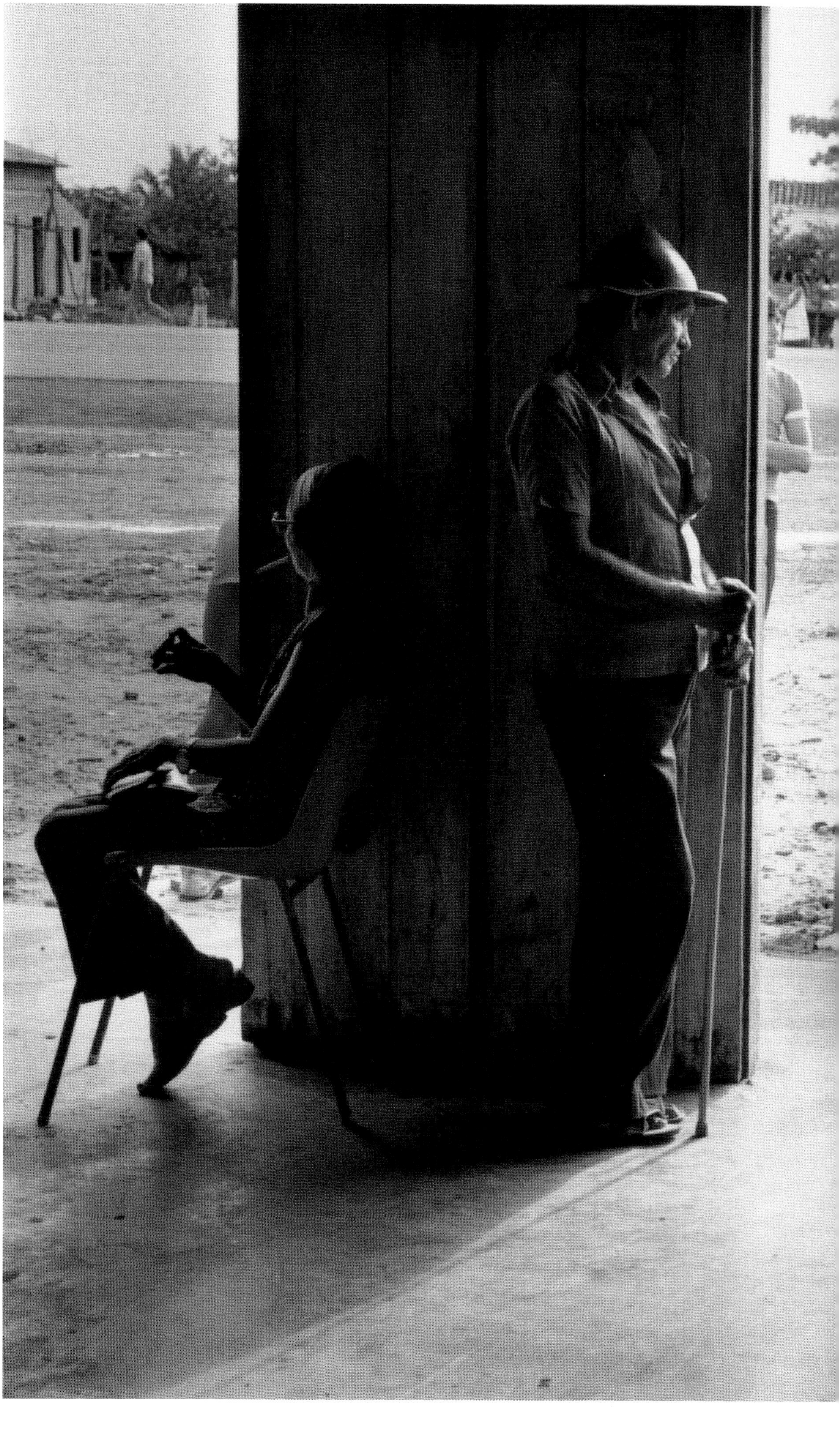

Brasil, 1980

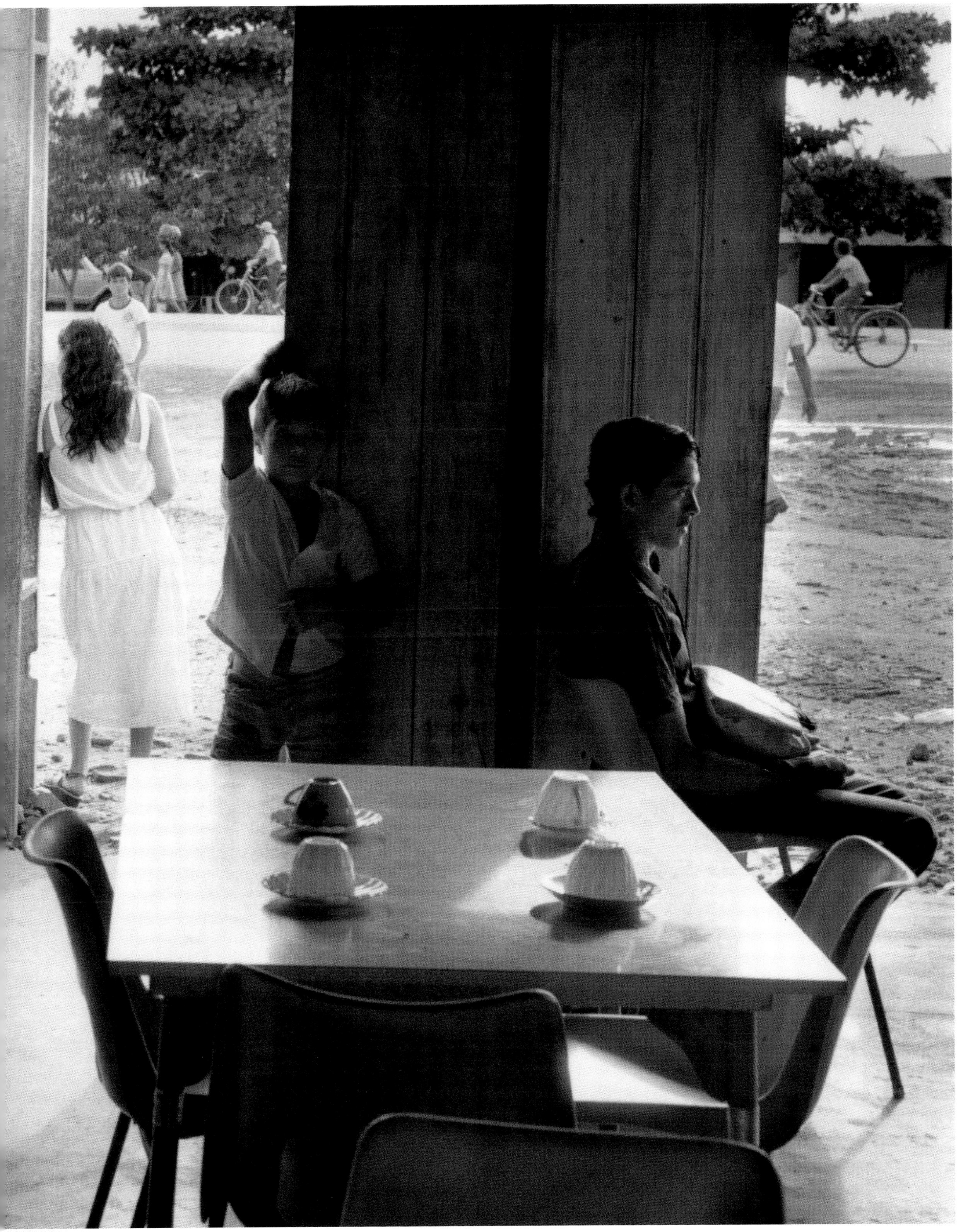

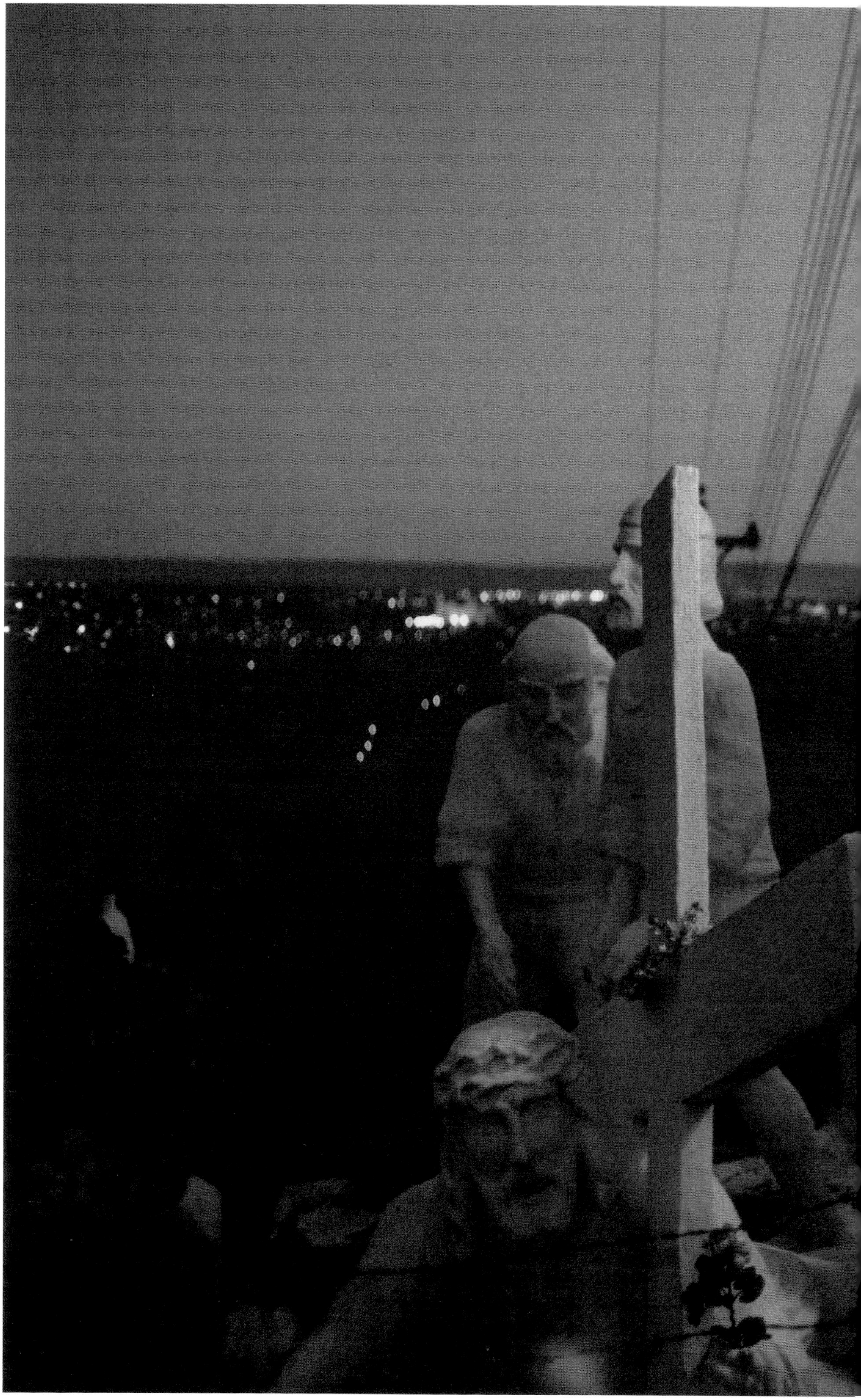

Brasil, 1980

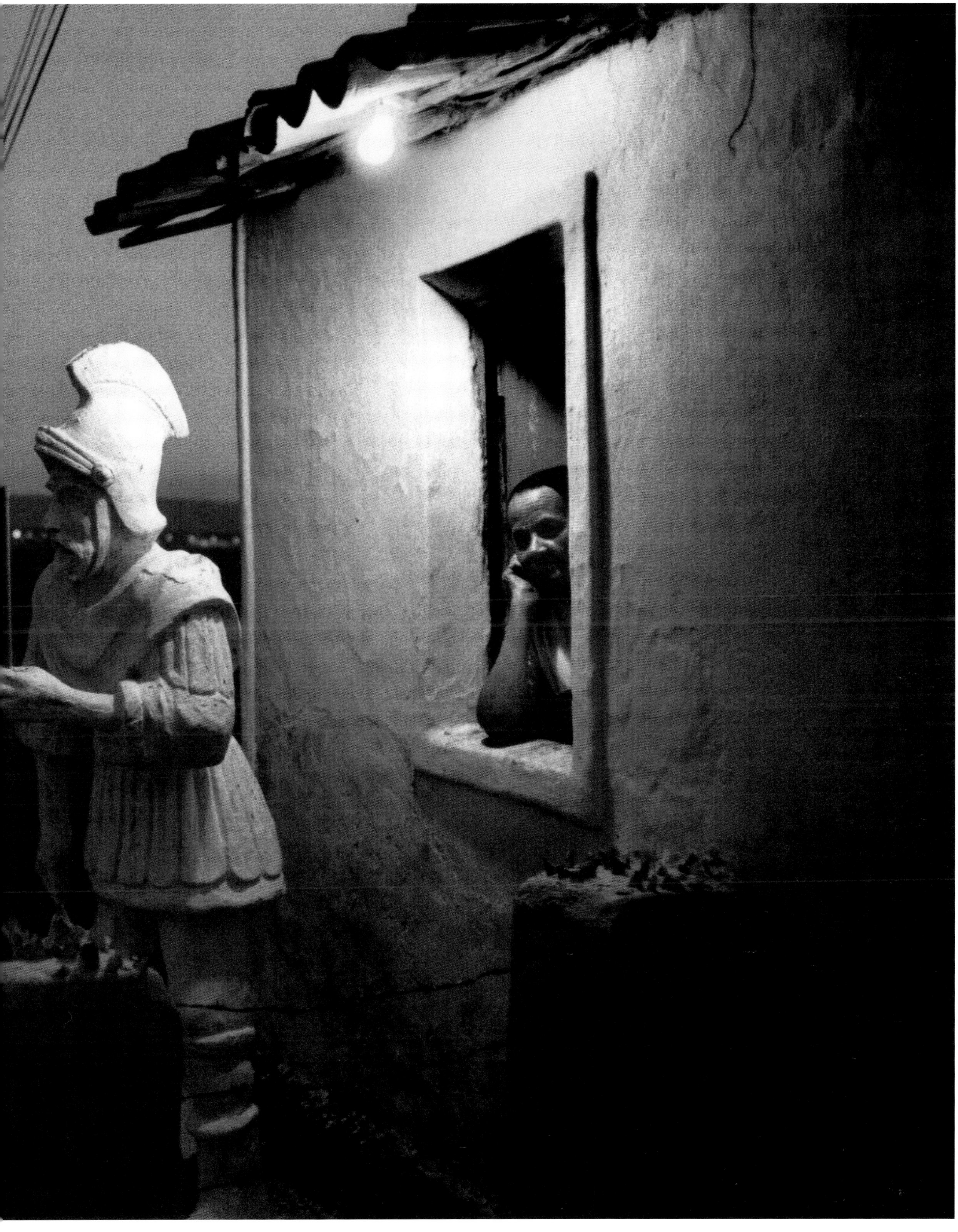

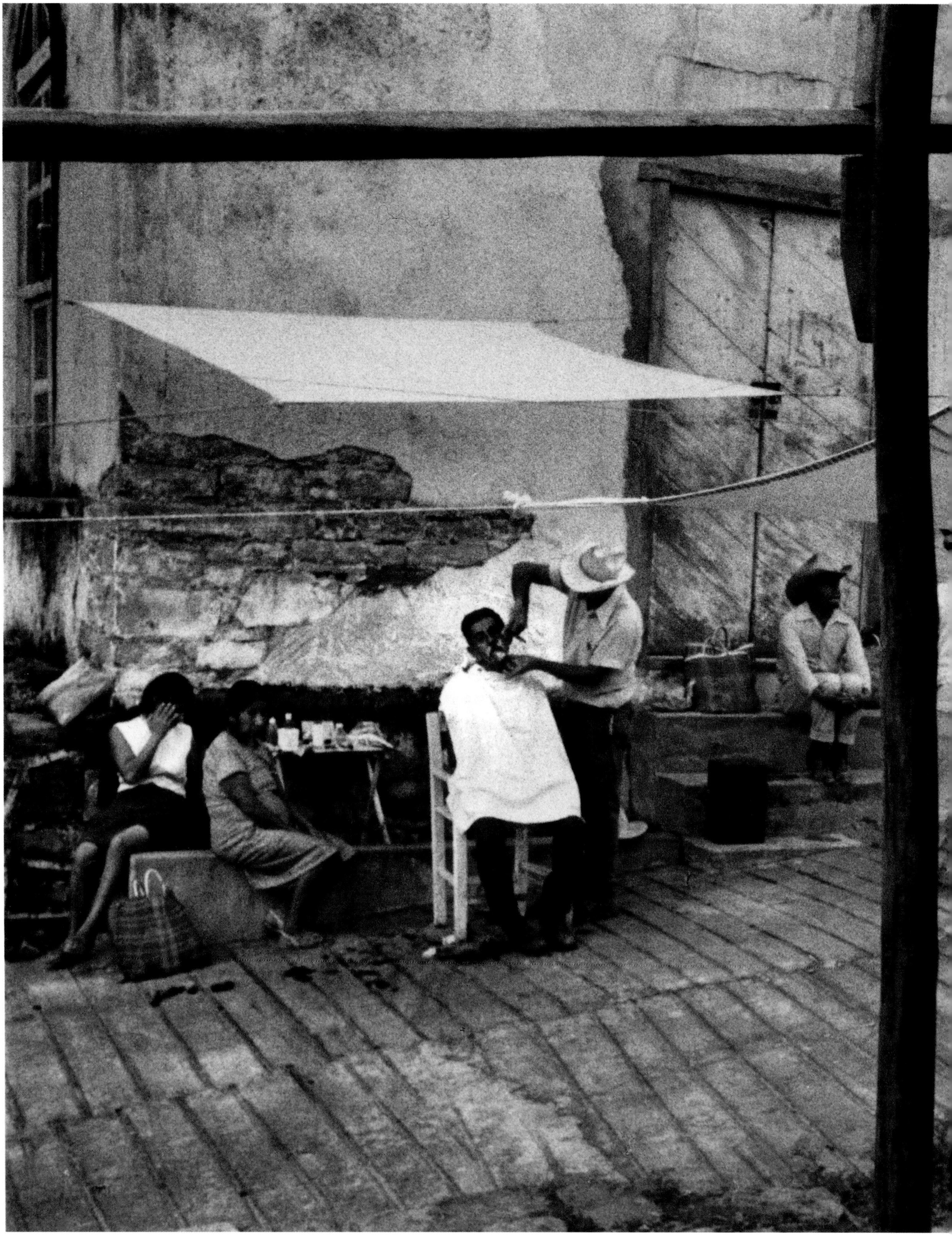

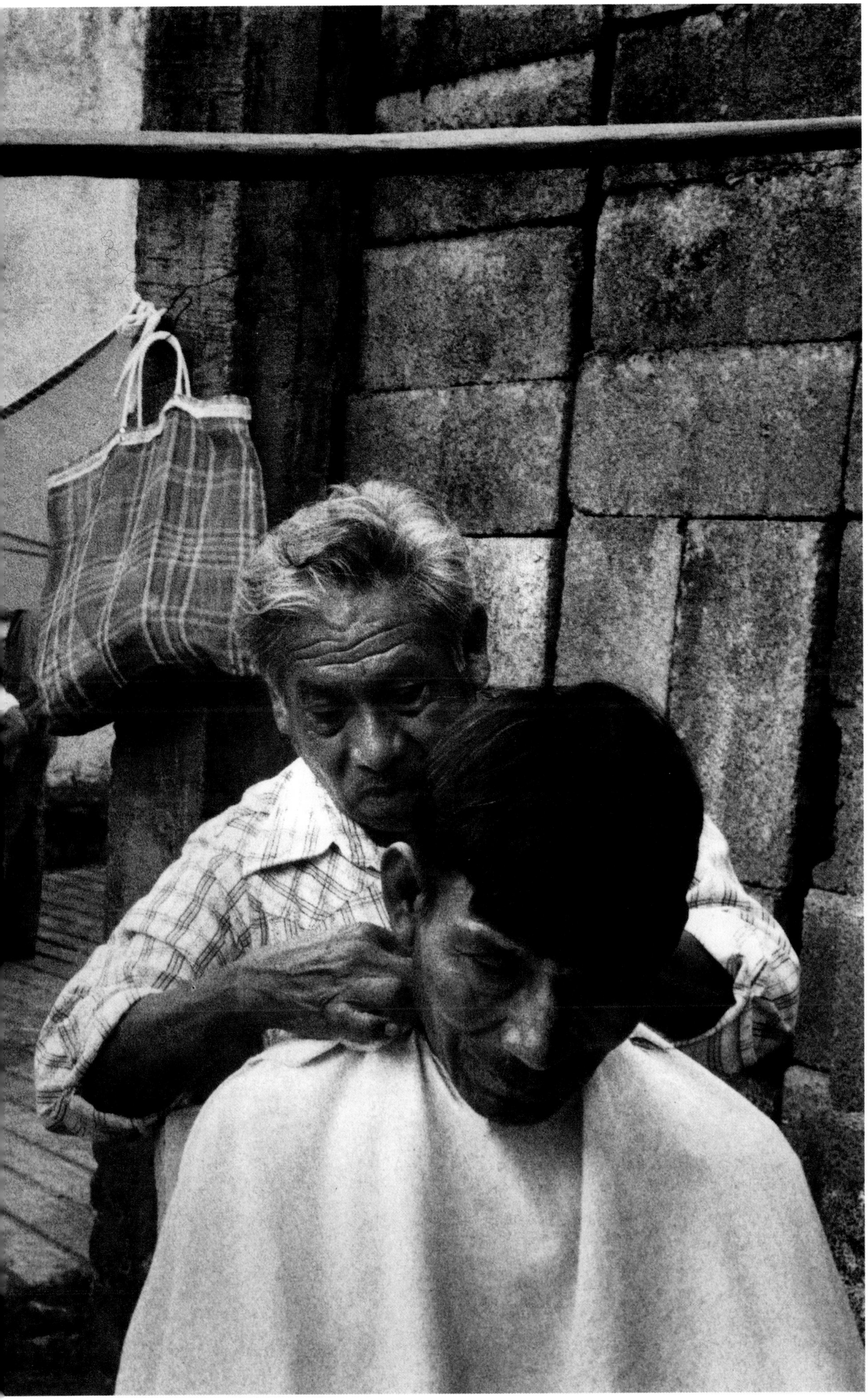

México, 1980

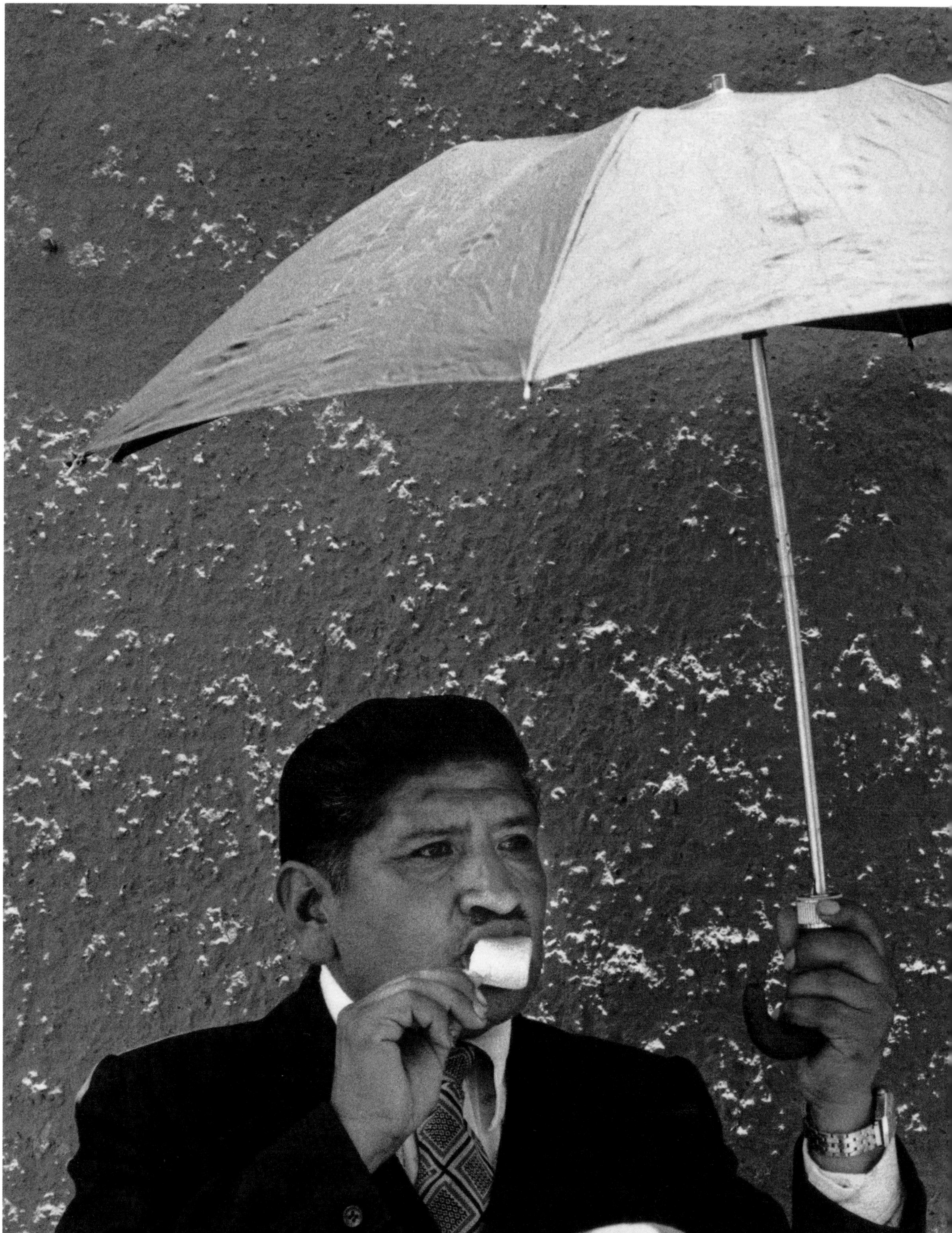

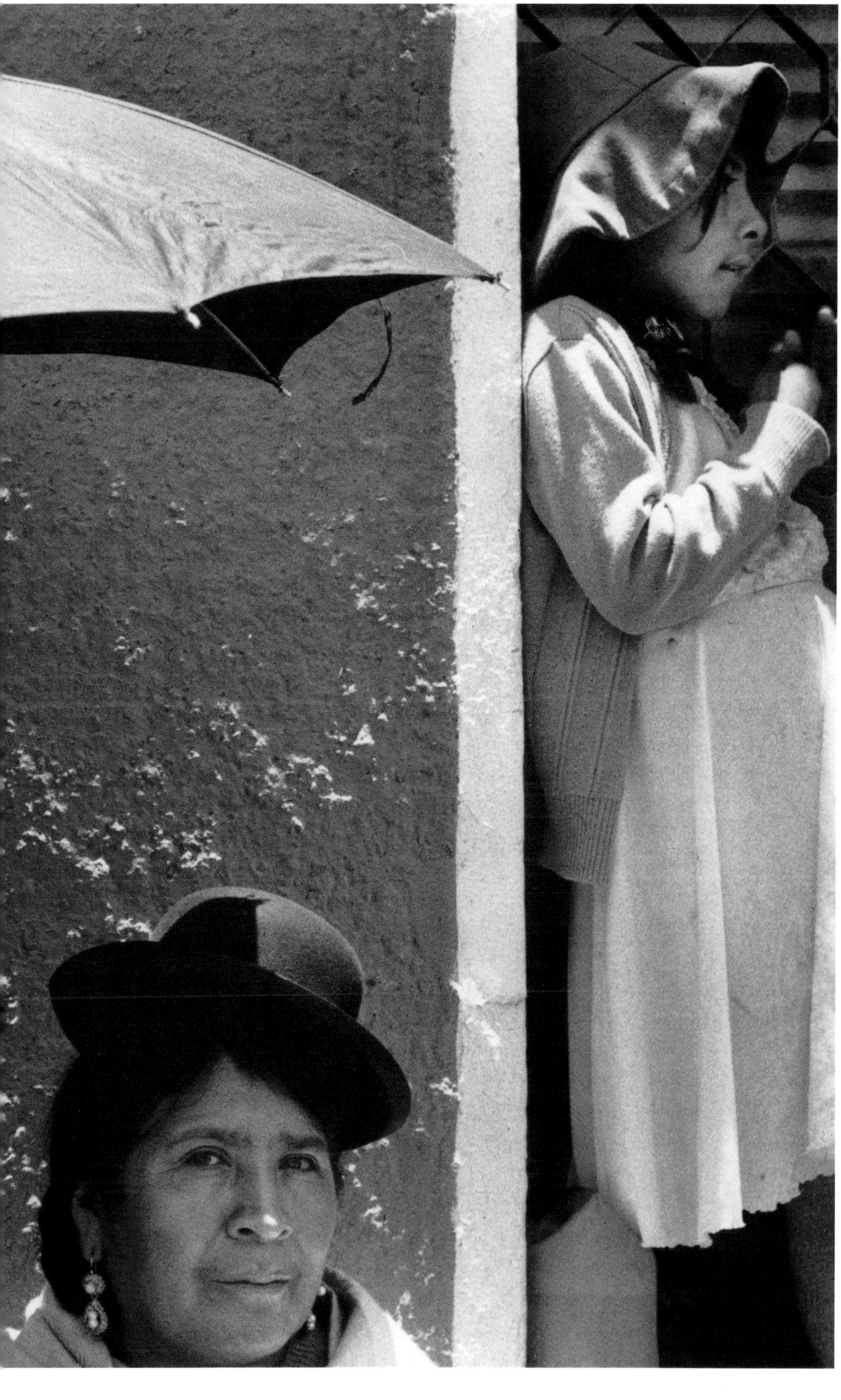

Bolívia, 1983

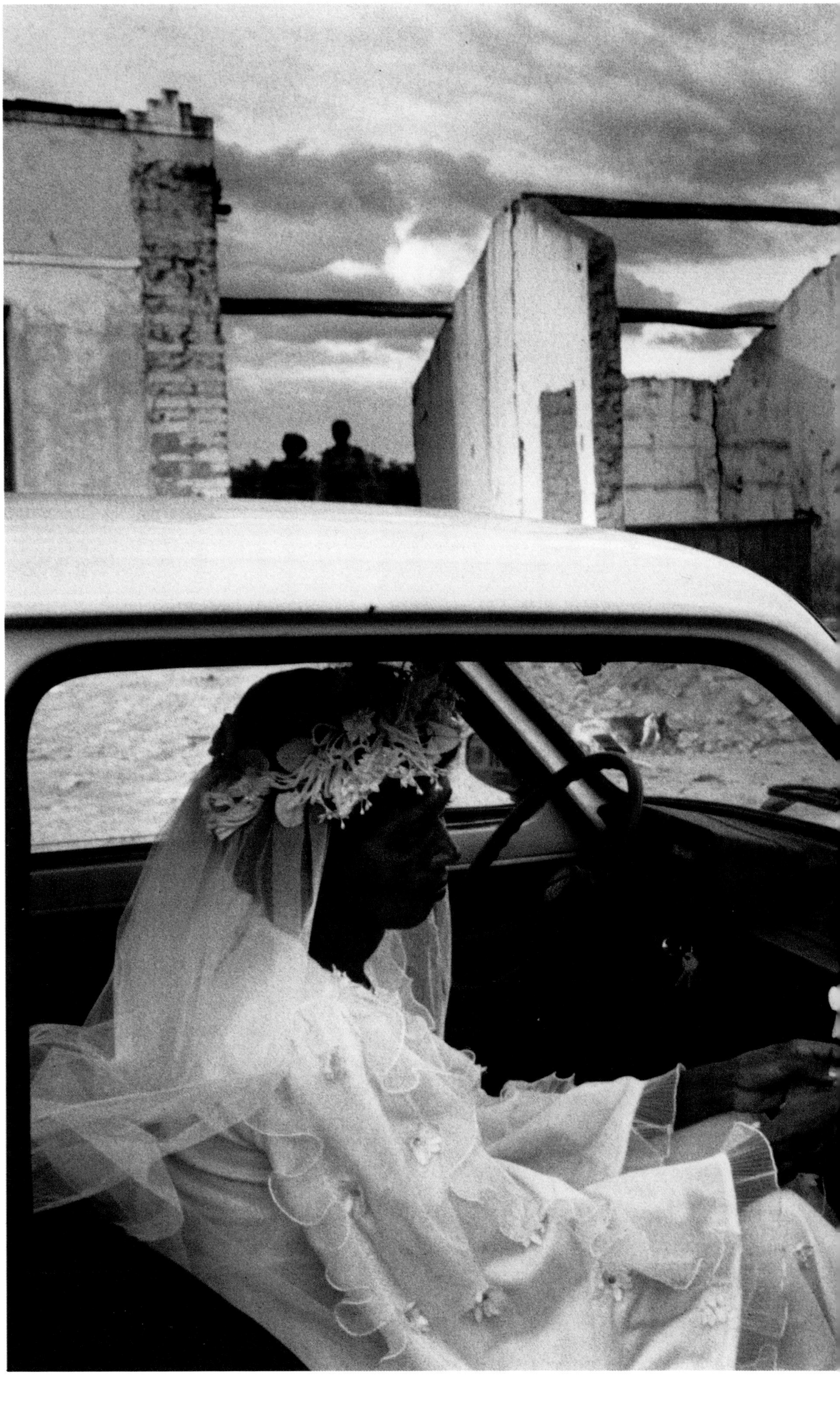

Brasil, 1981

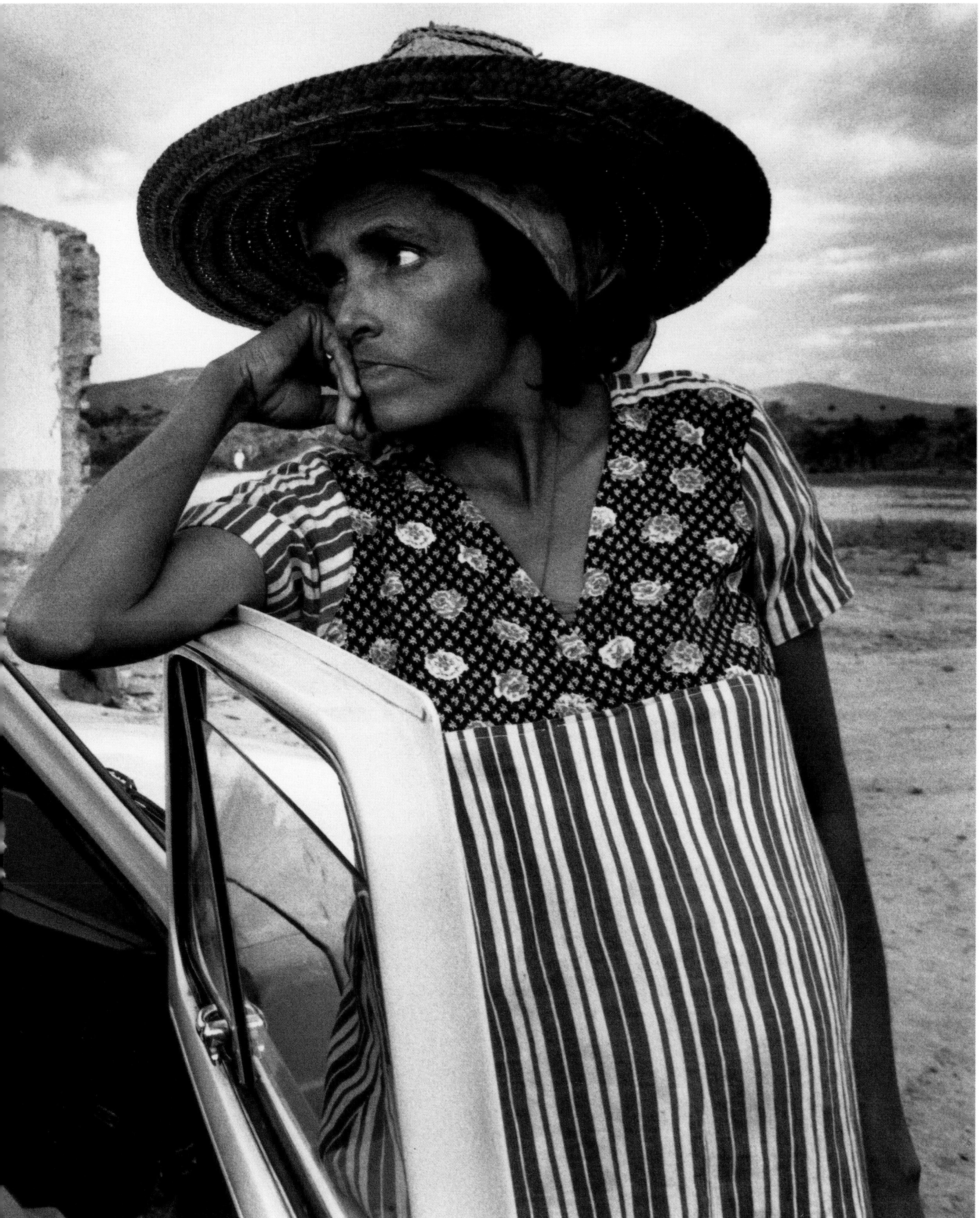

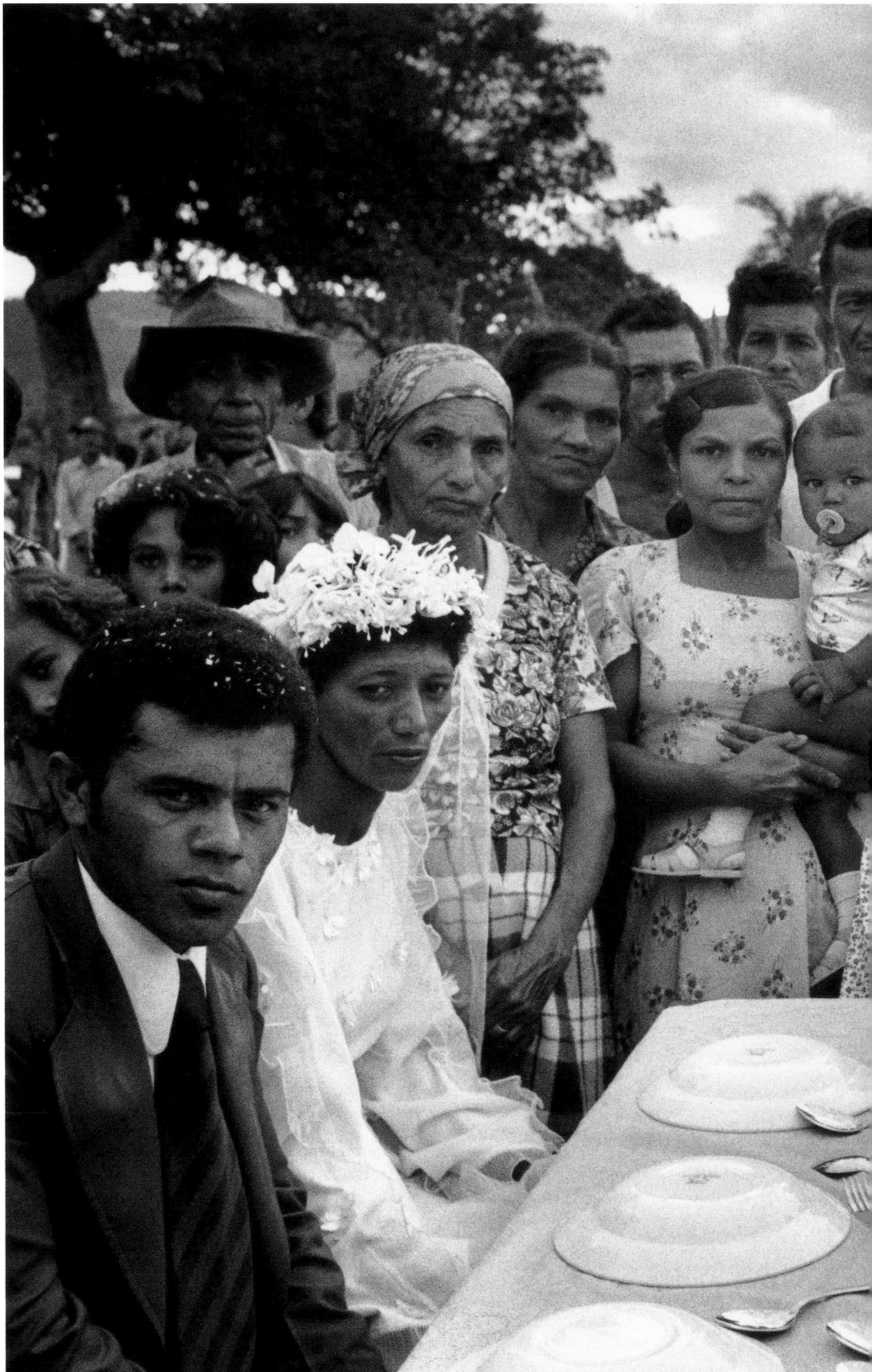

Brasil, 1981

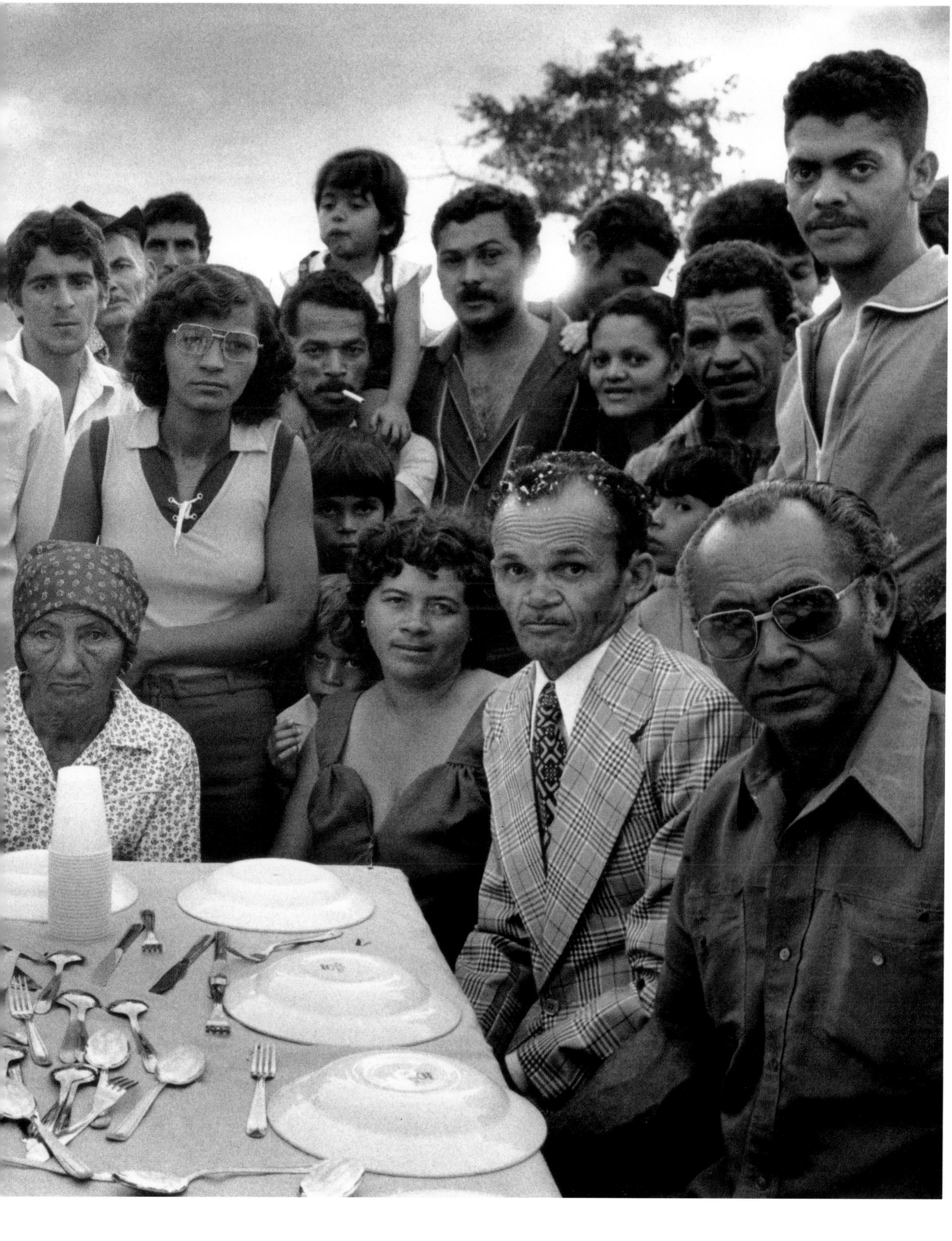

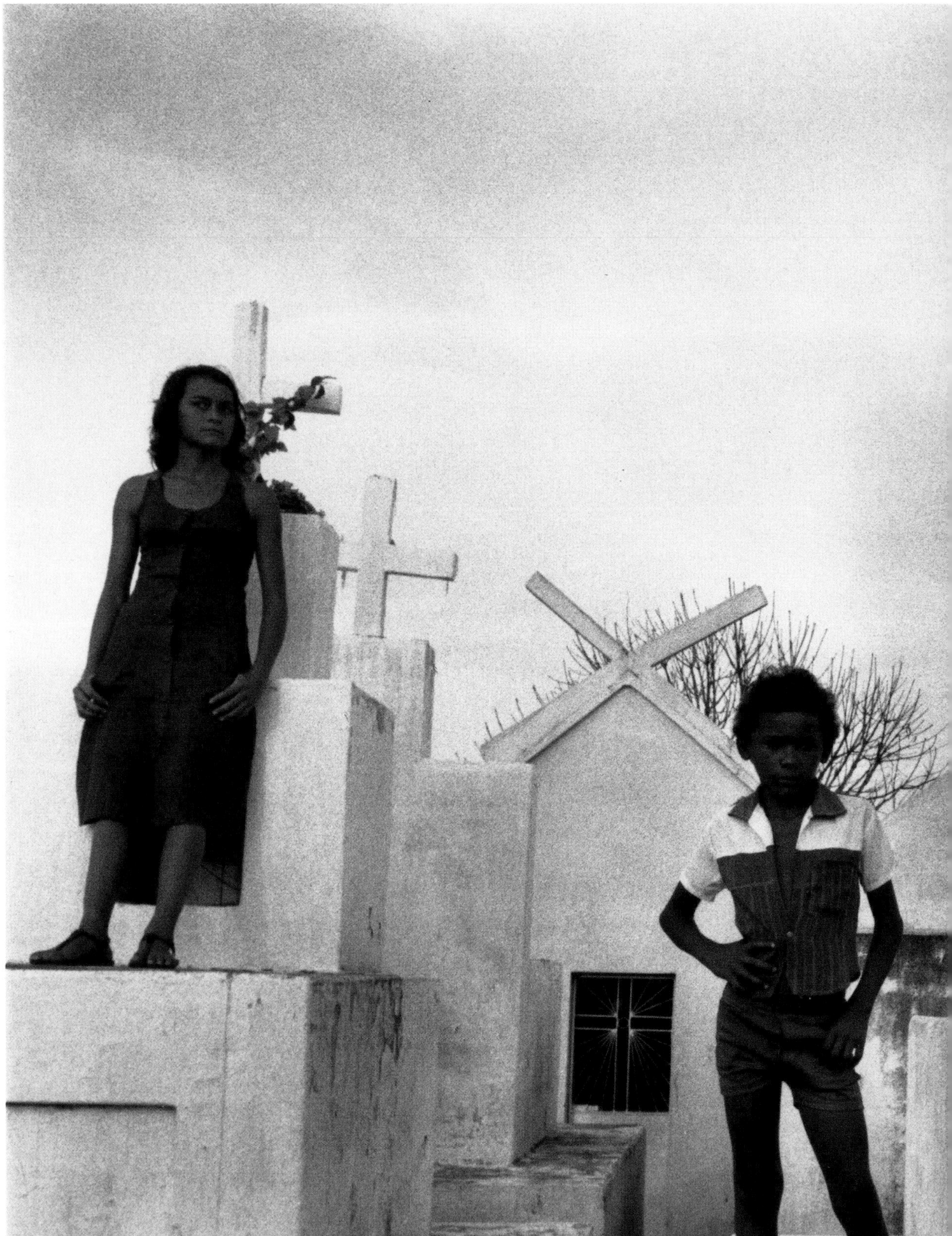

Brasil, 1980

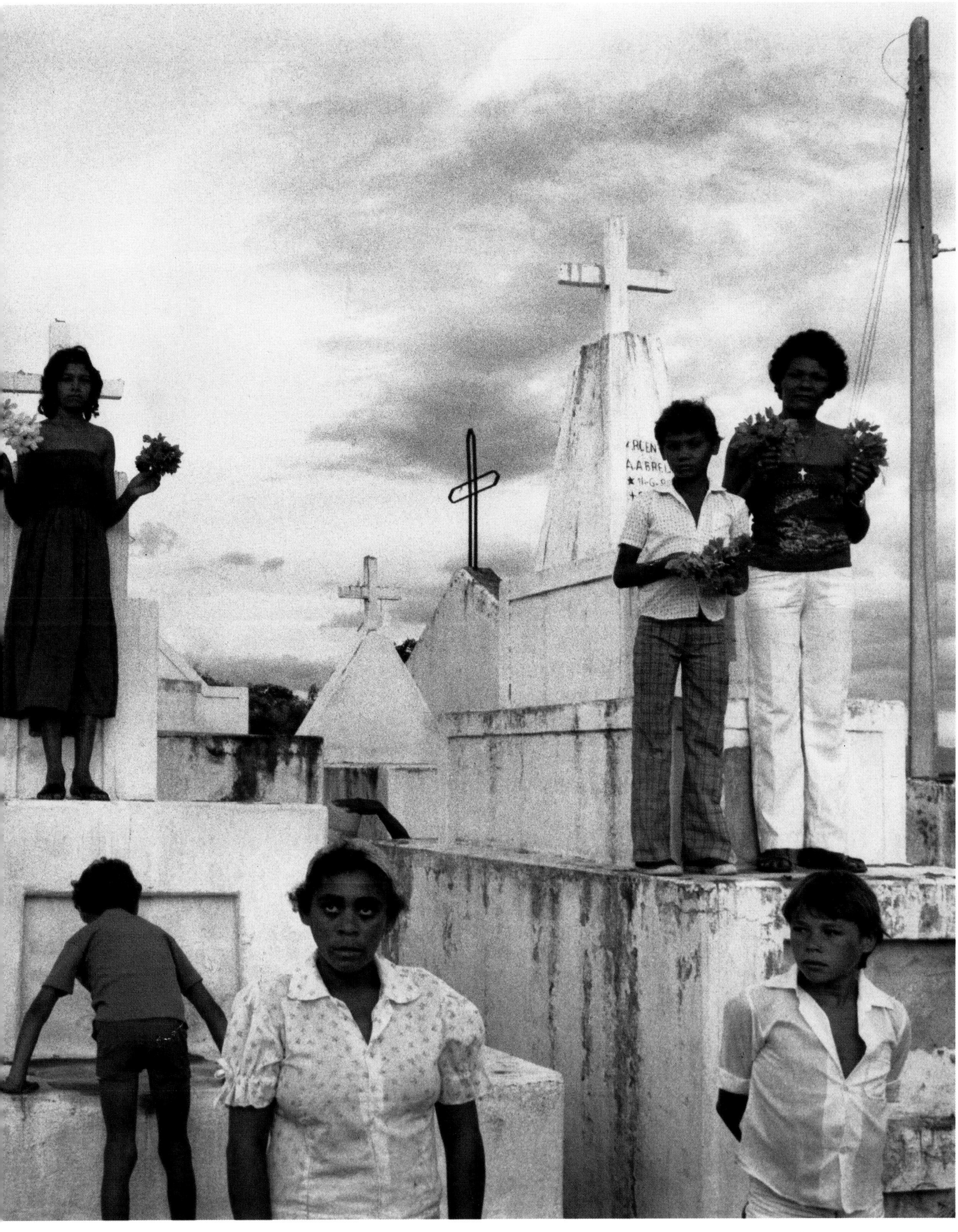

Brasil, 1980

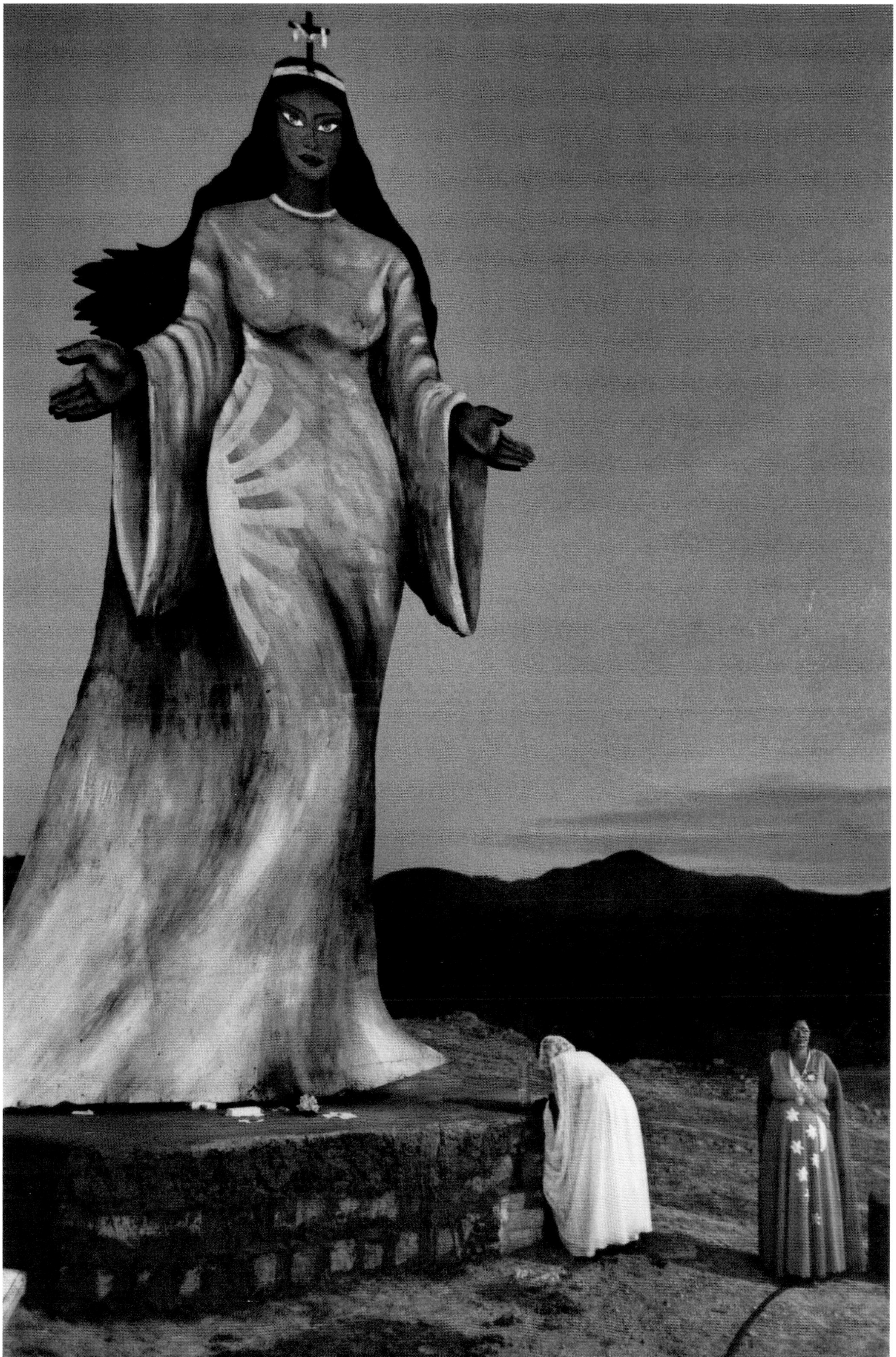

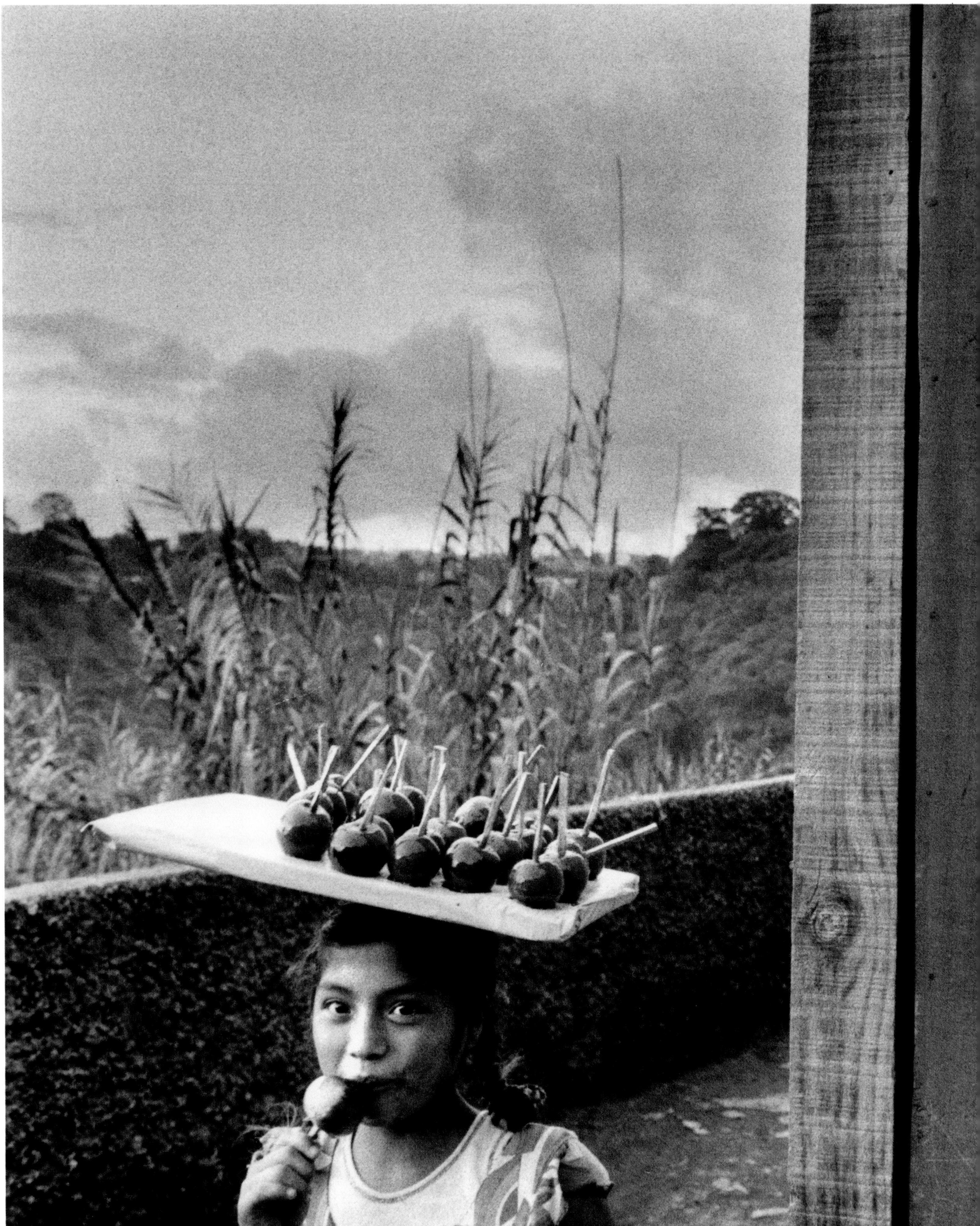

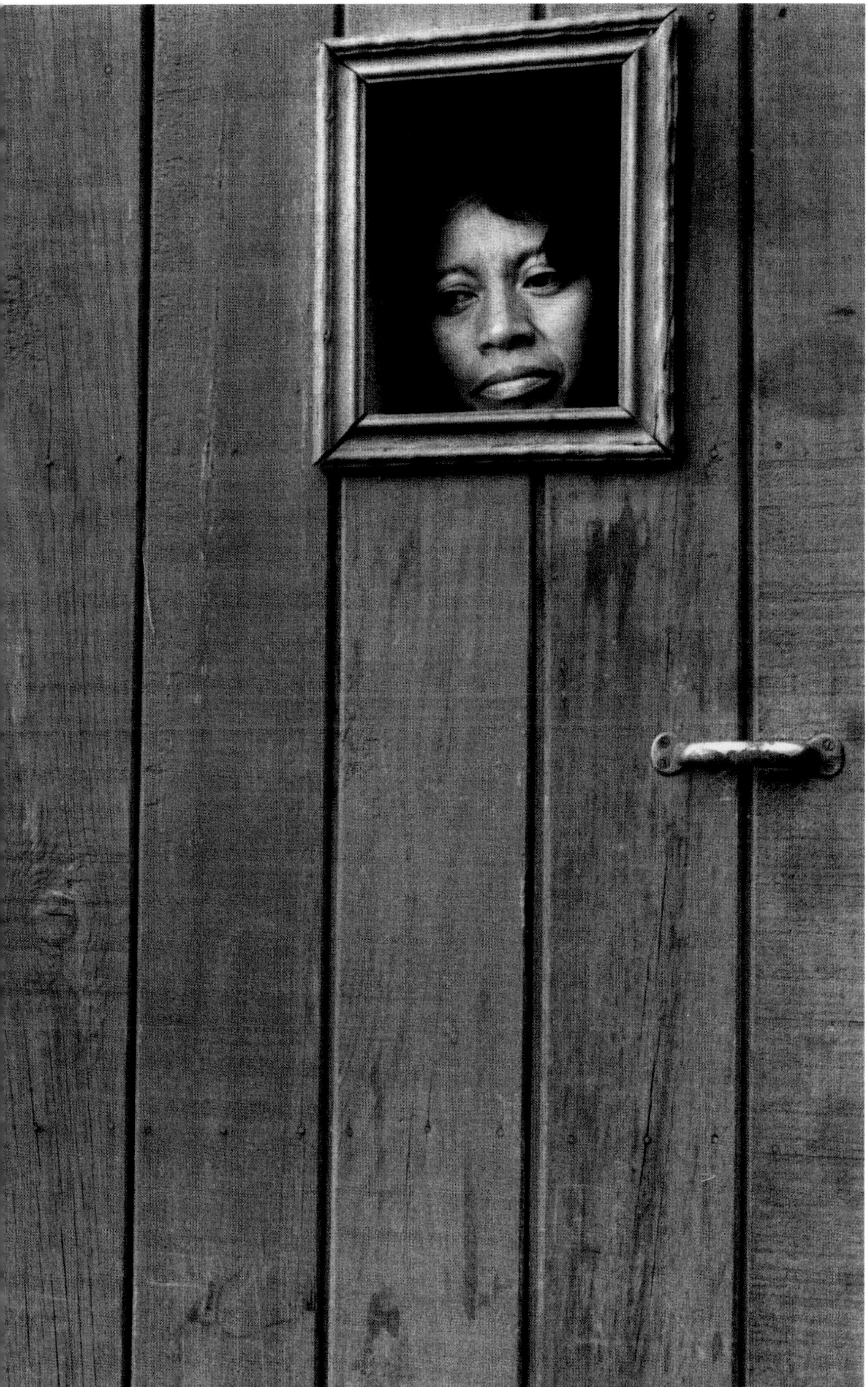

Guatemala, 1978

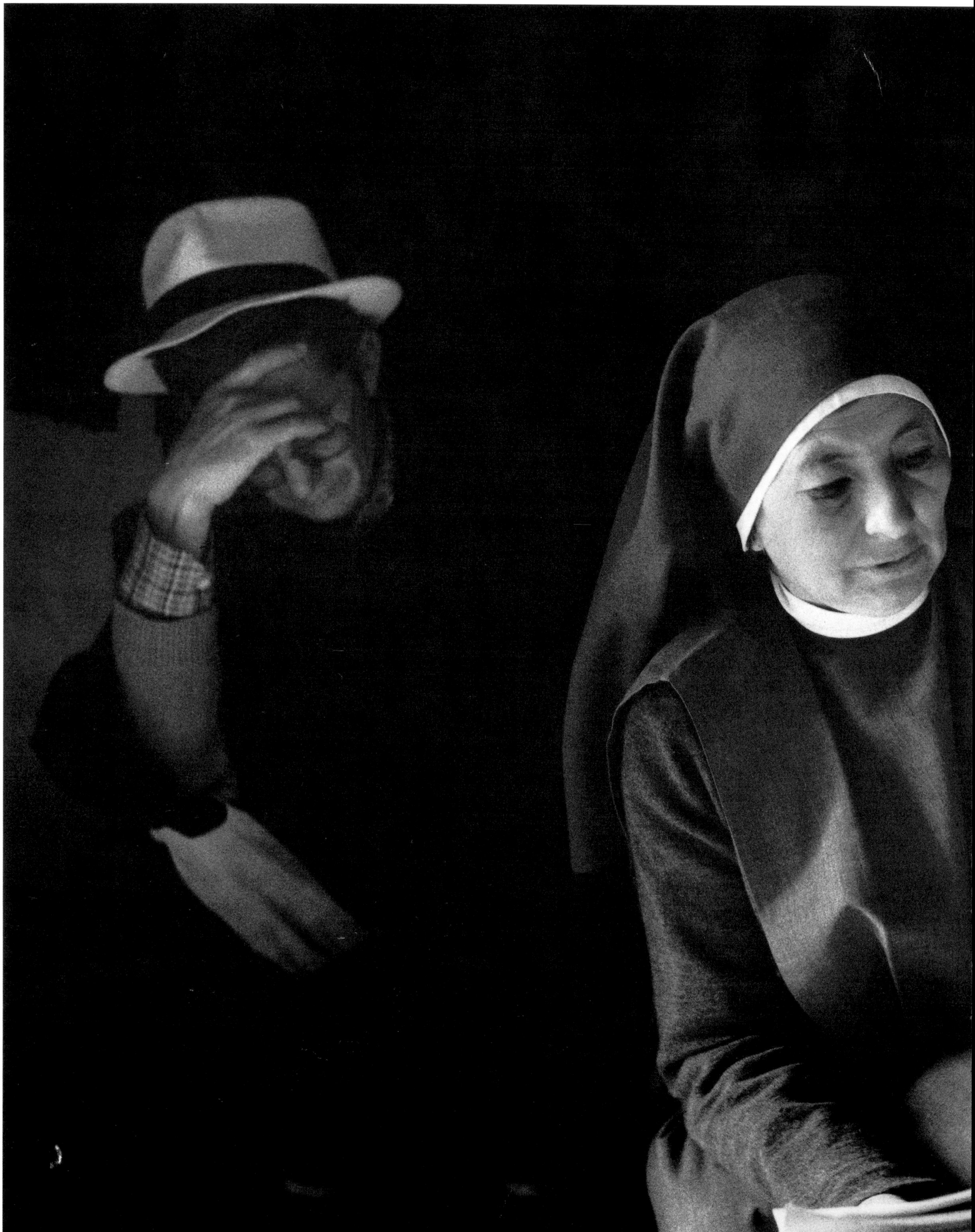

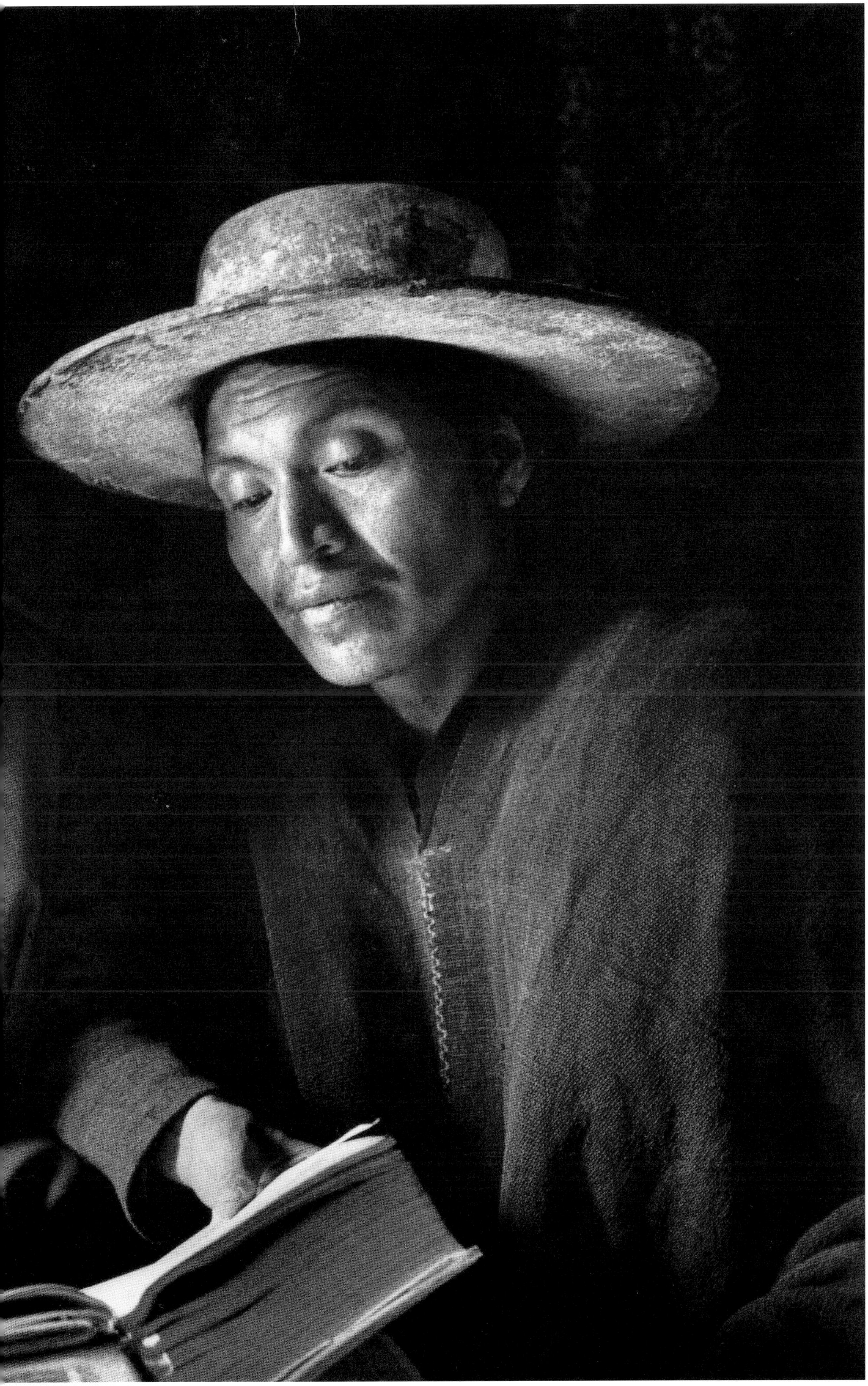

Equador, 1982

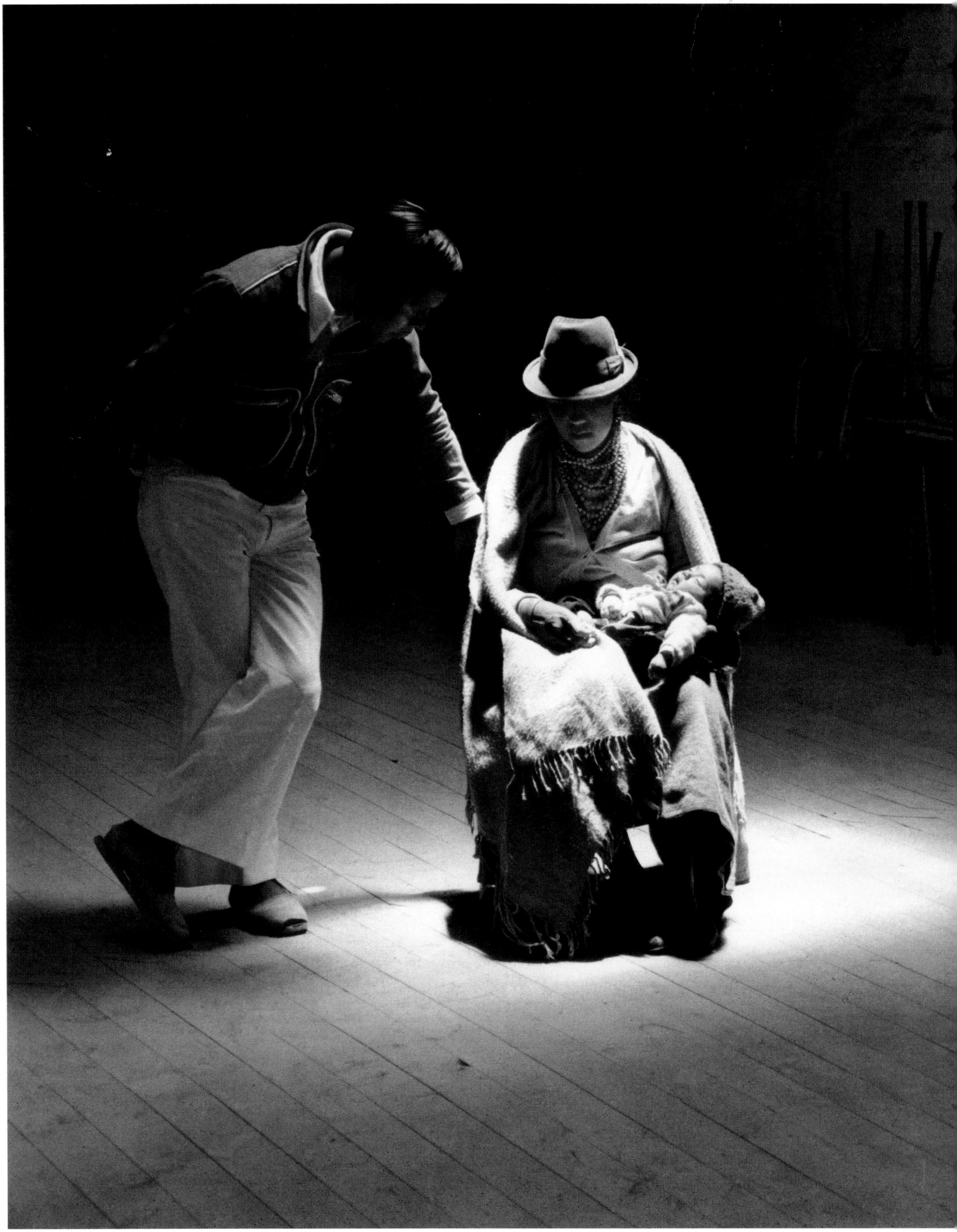

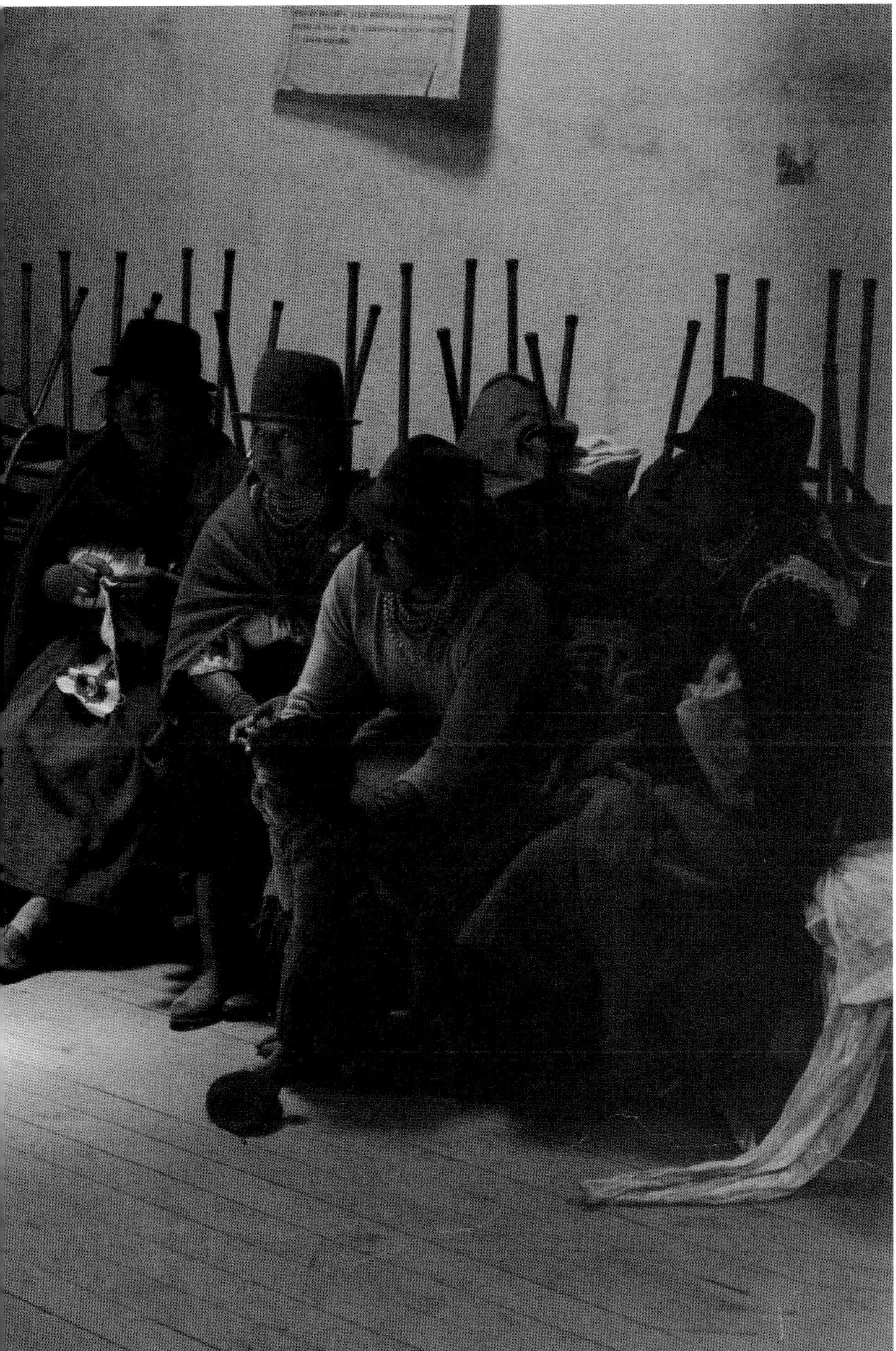

Equador, 1978

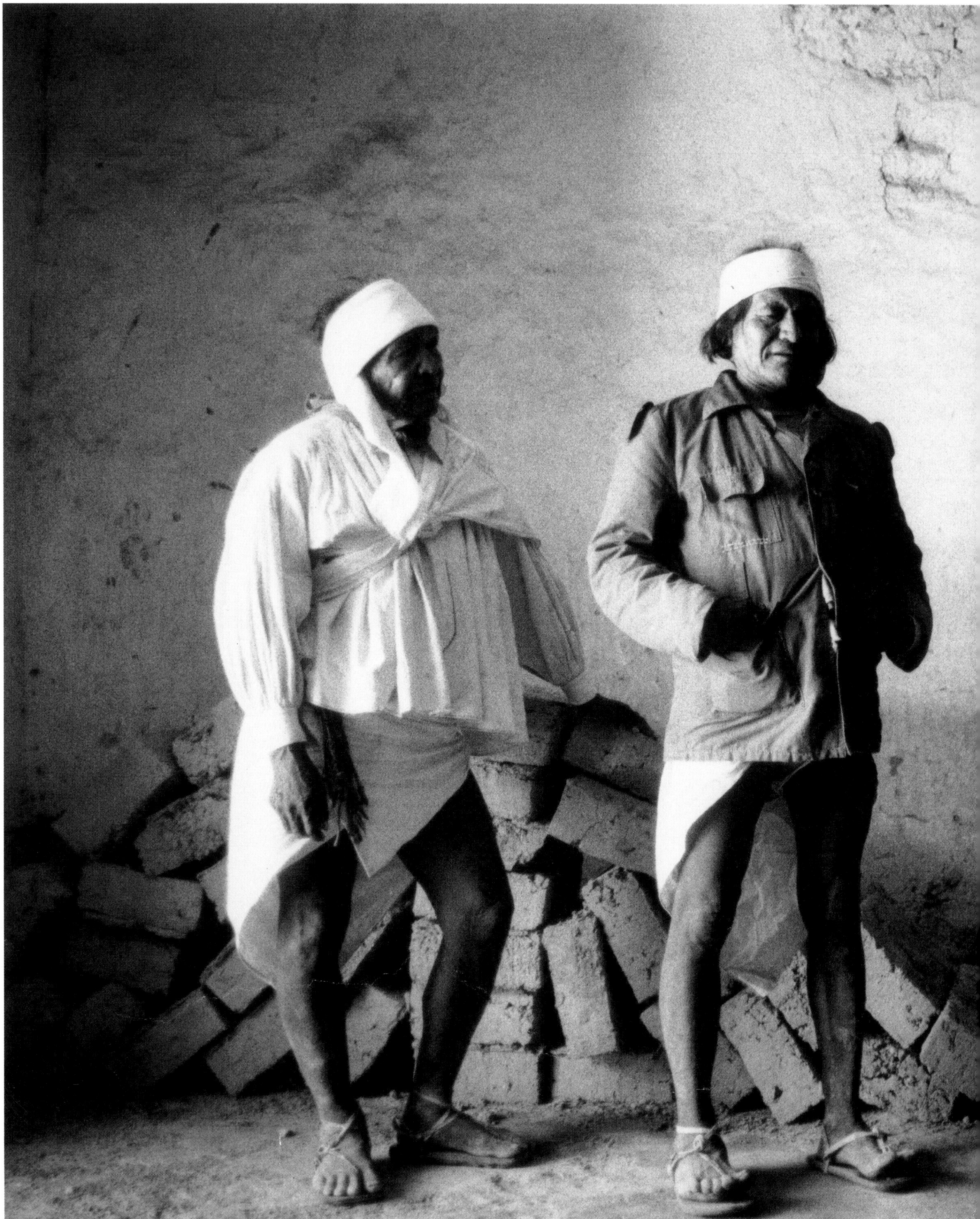

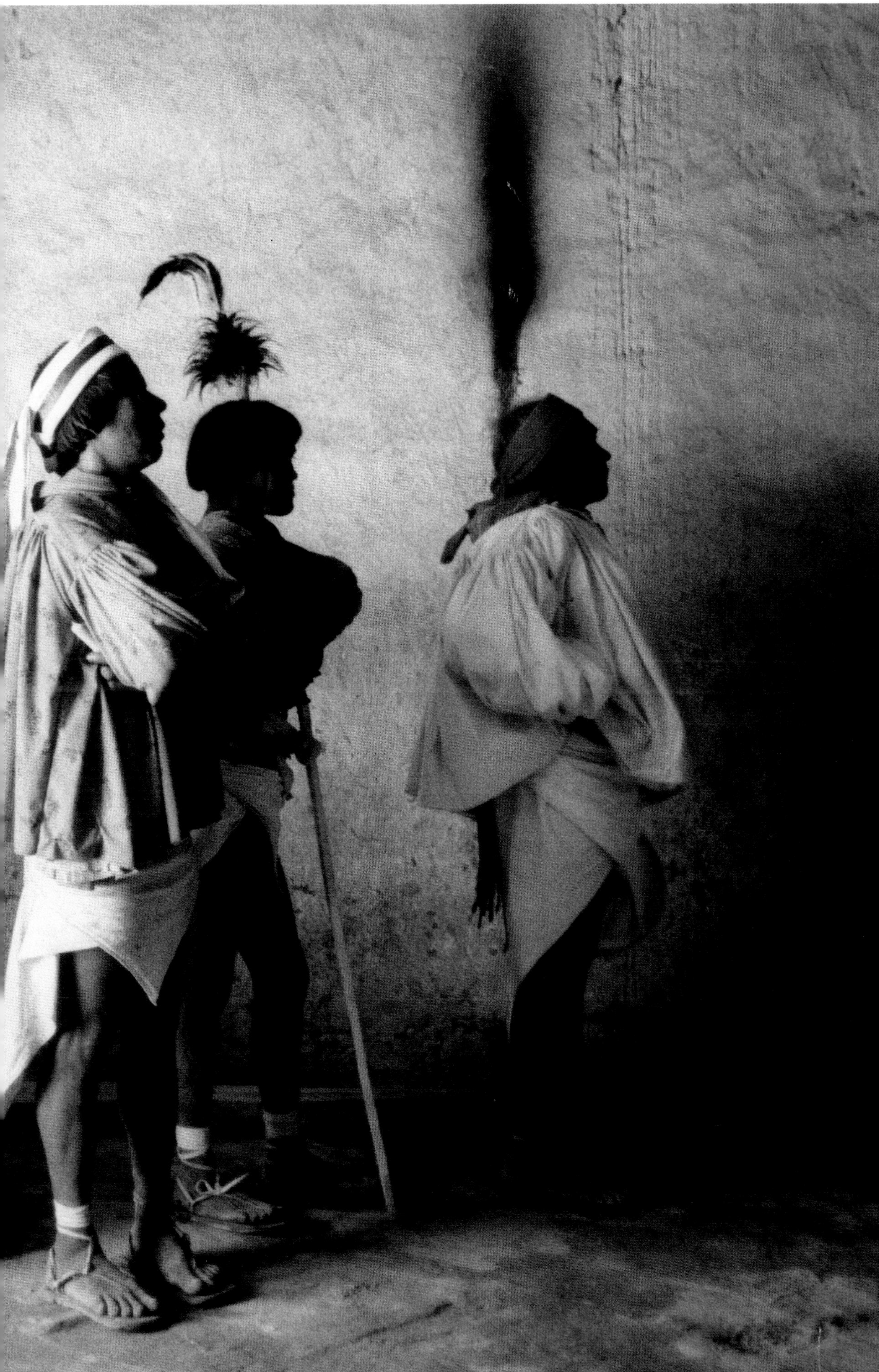

México, 1984

Bolívia, 1983

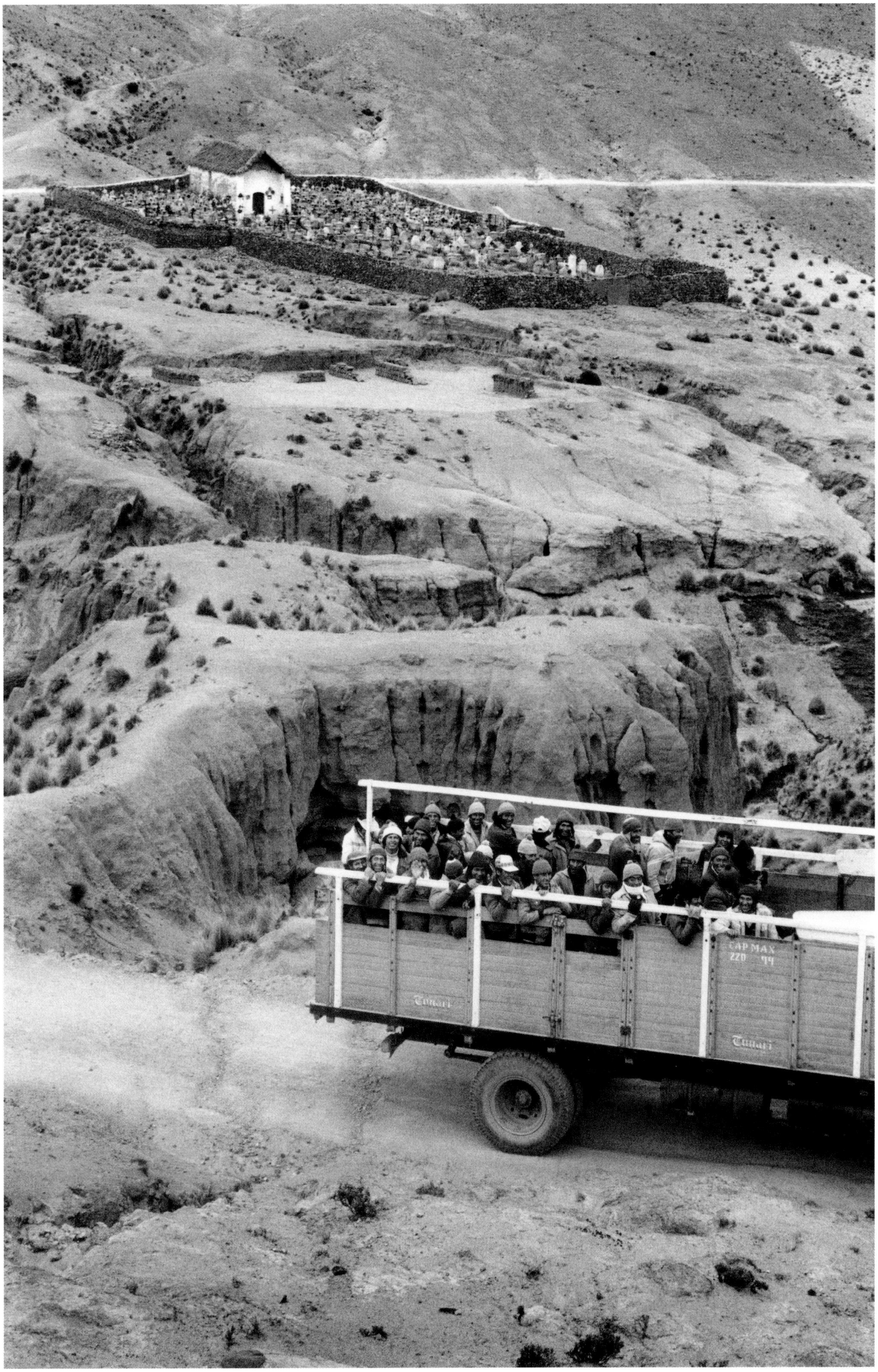
CAP MAX
220
Tunari
Tunari

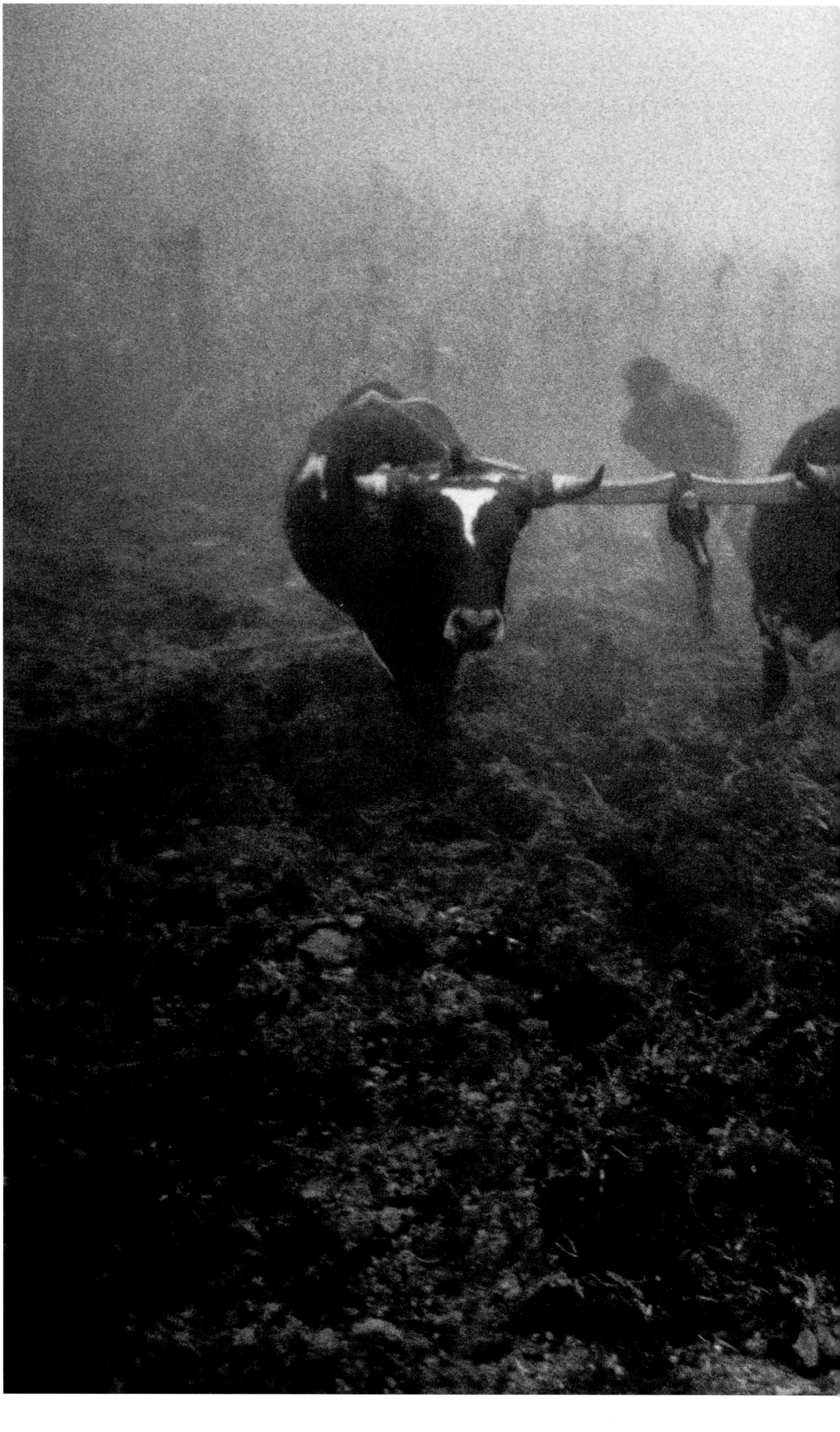

México, 1980

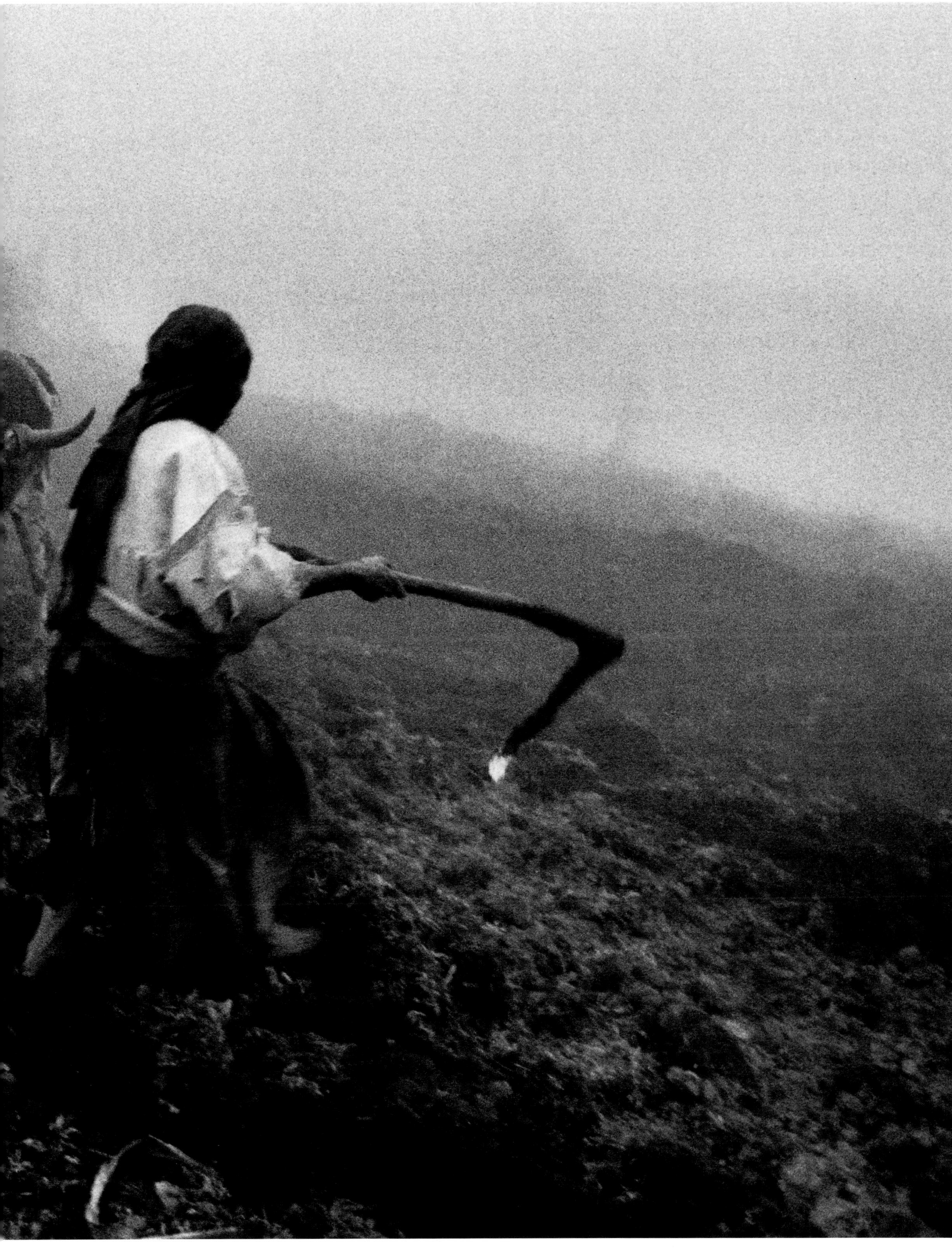

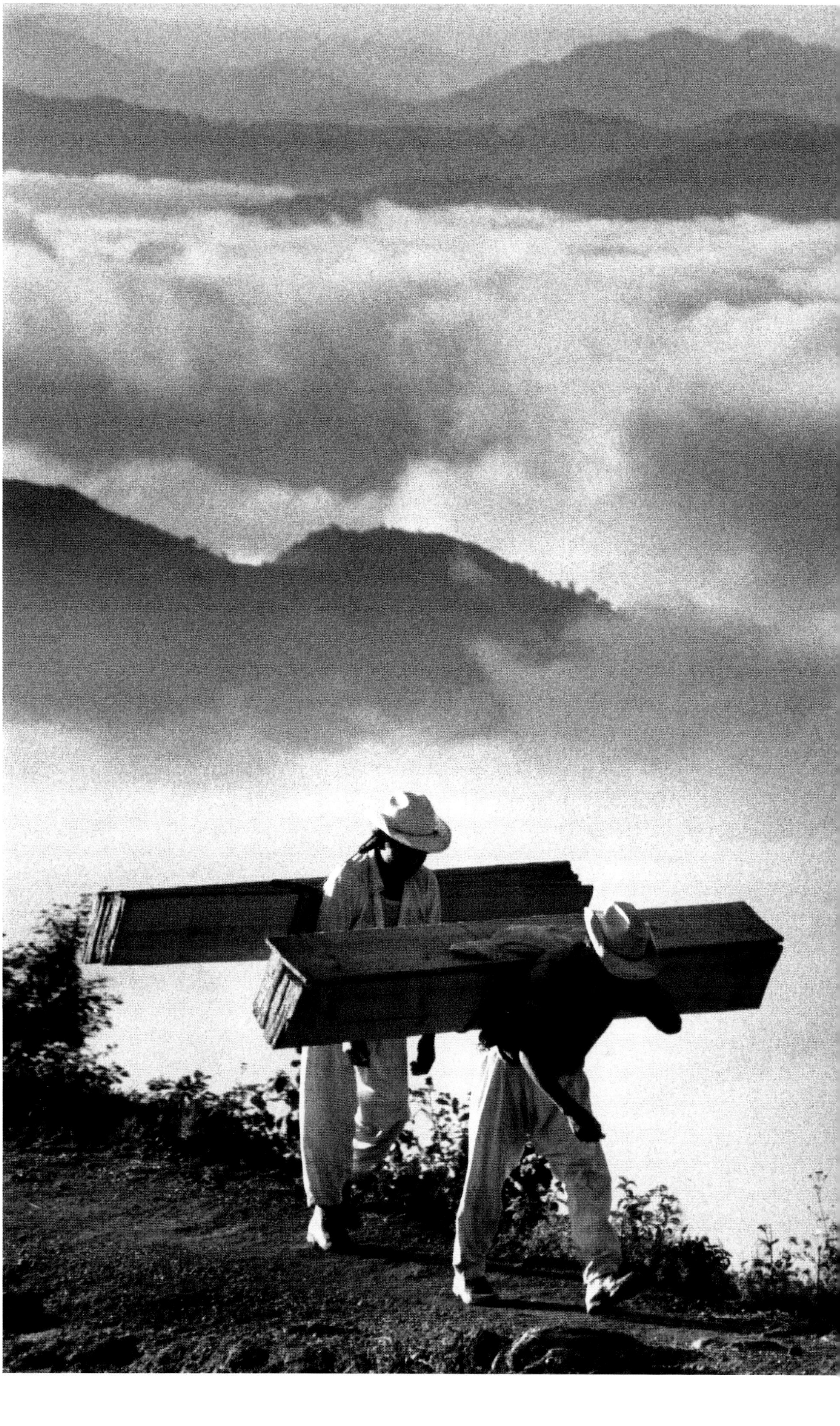

México, 1980

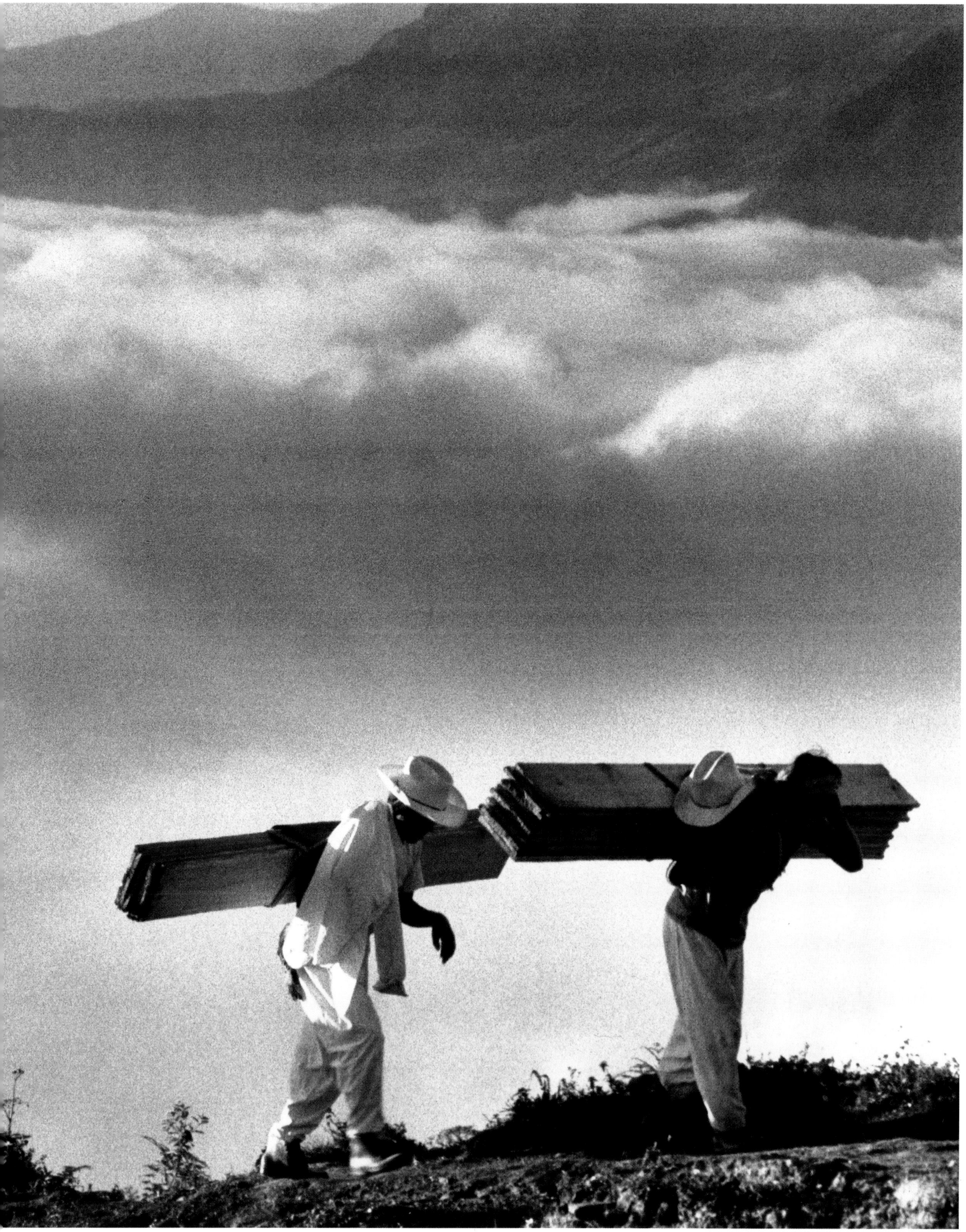

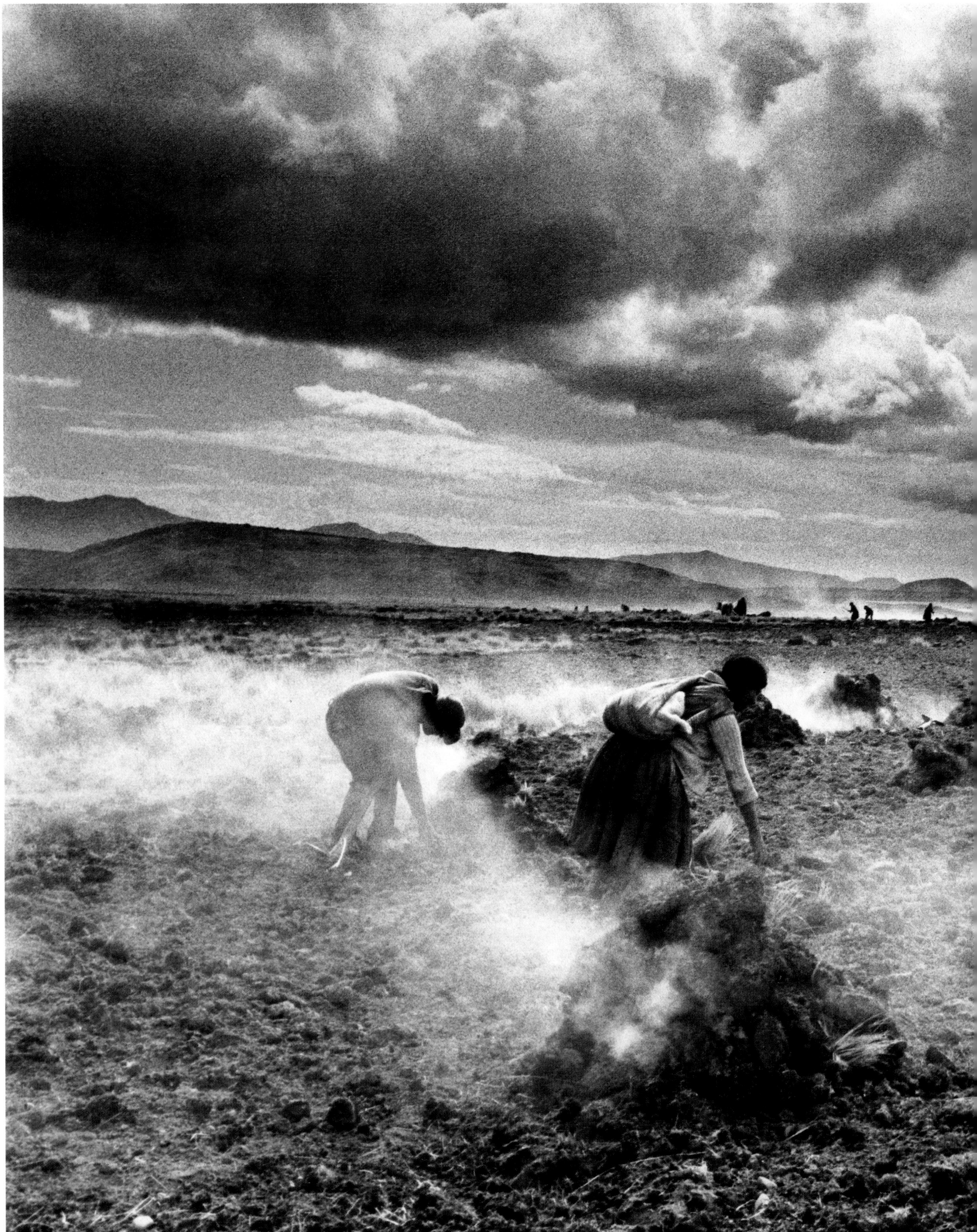

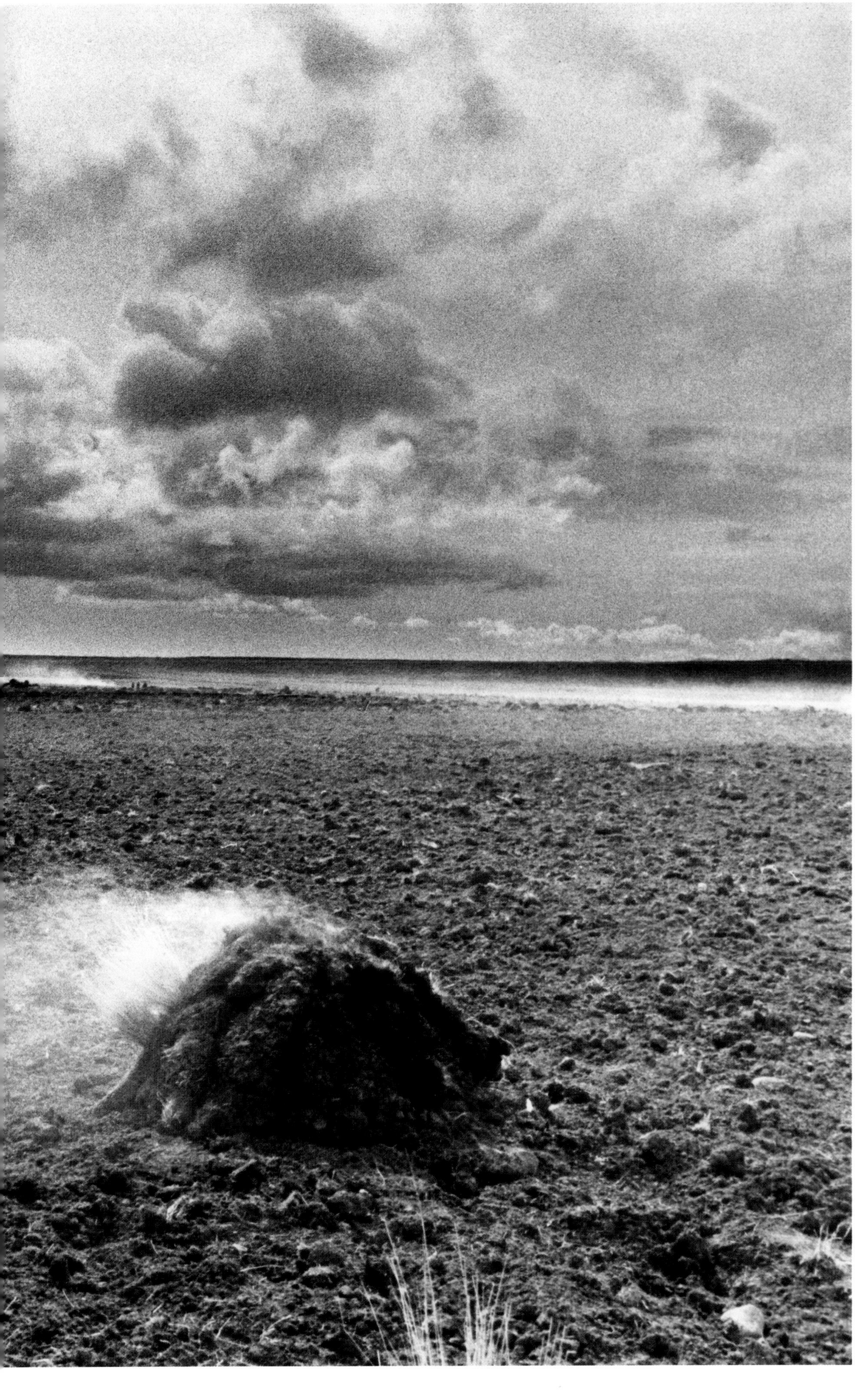

Bolívia, 1977

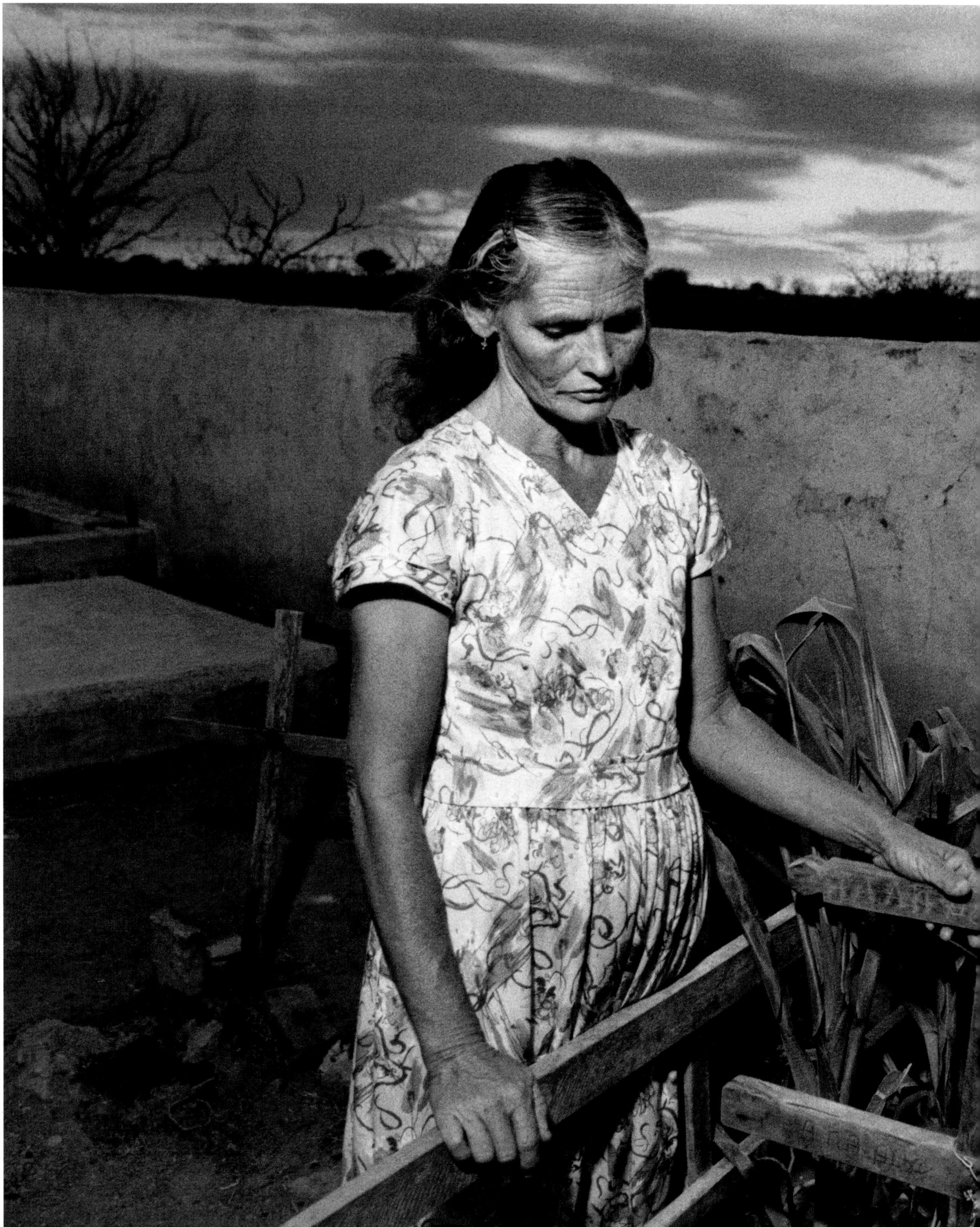

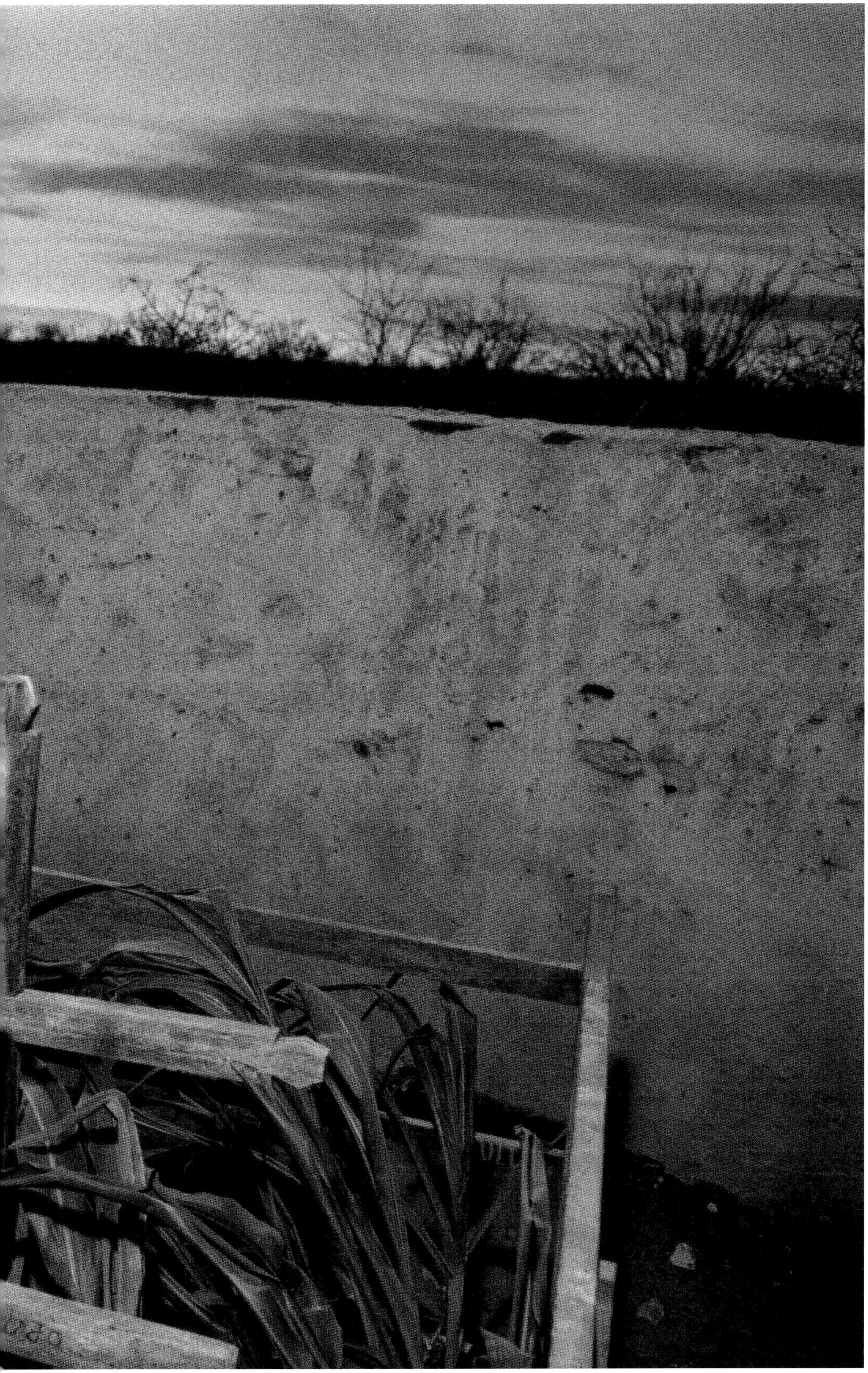

Brasil, 1983

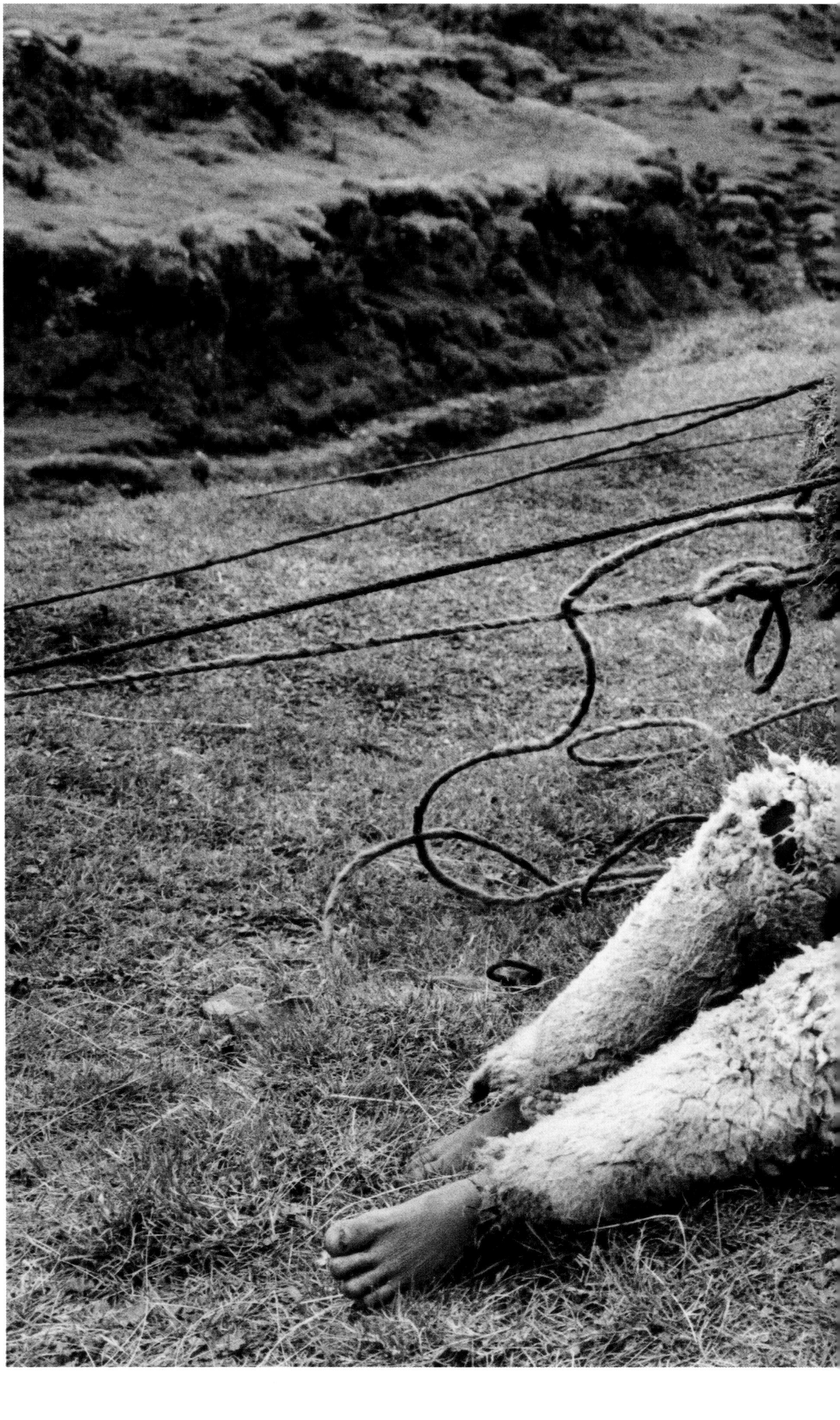

Equador, 1982

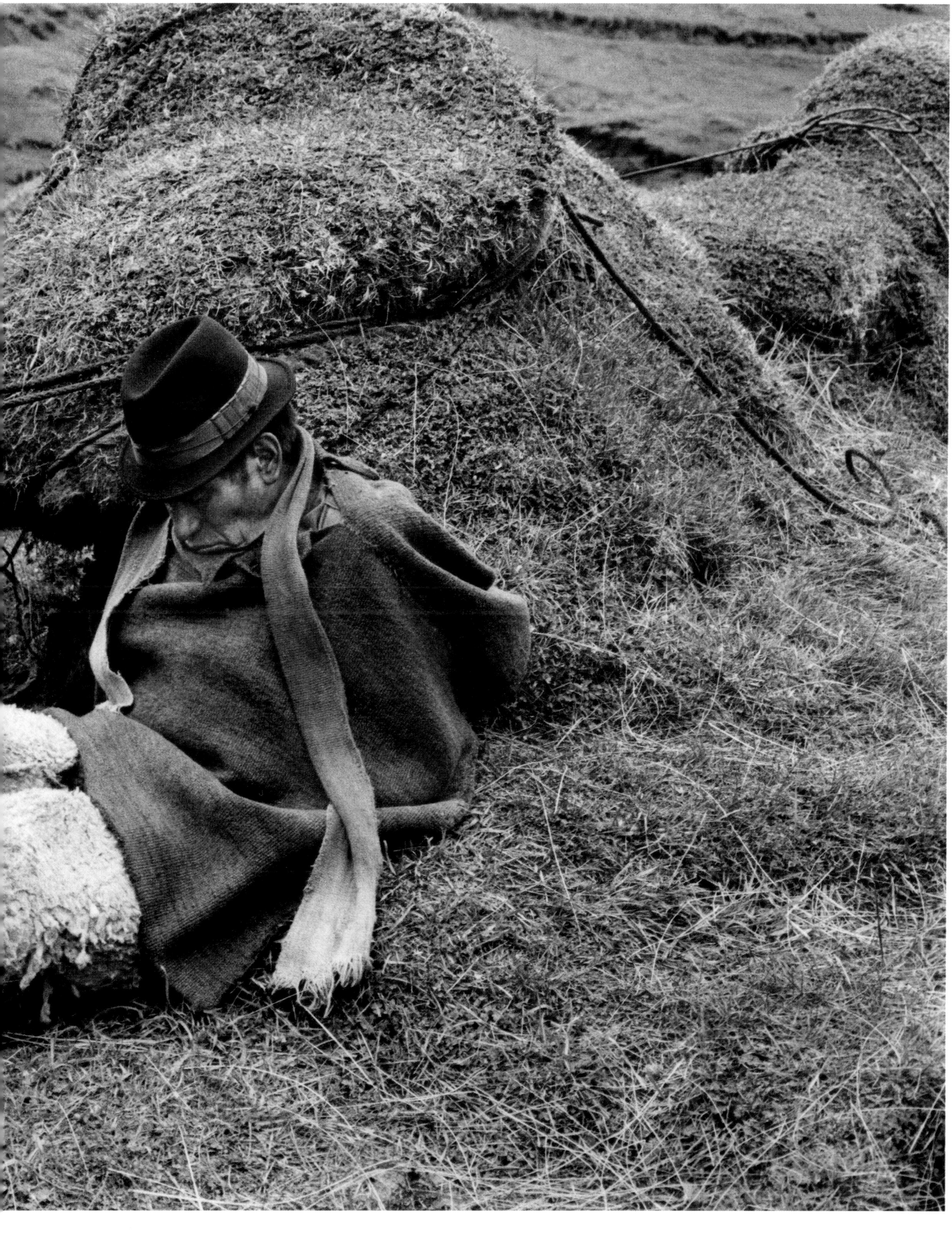

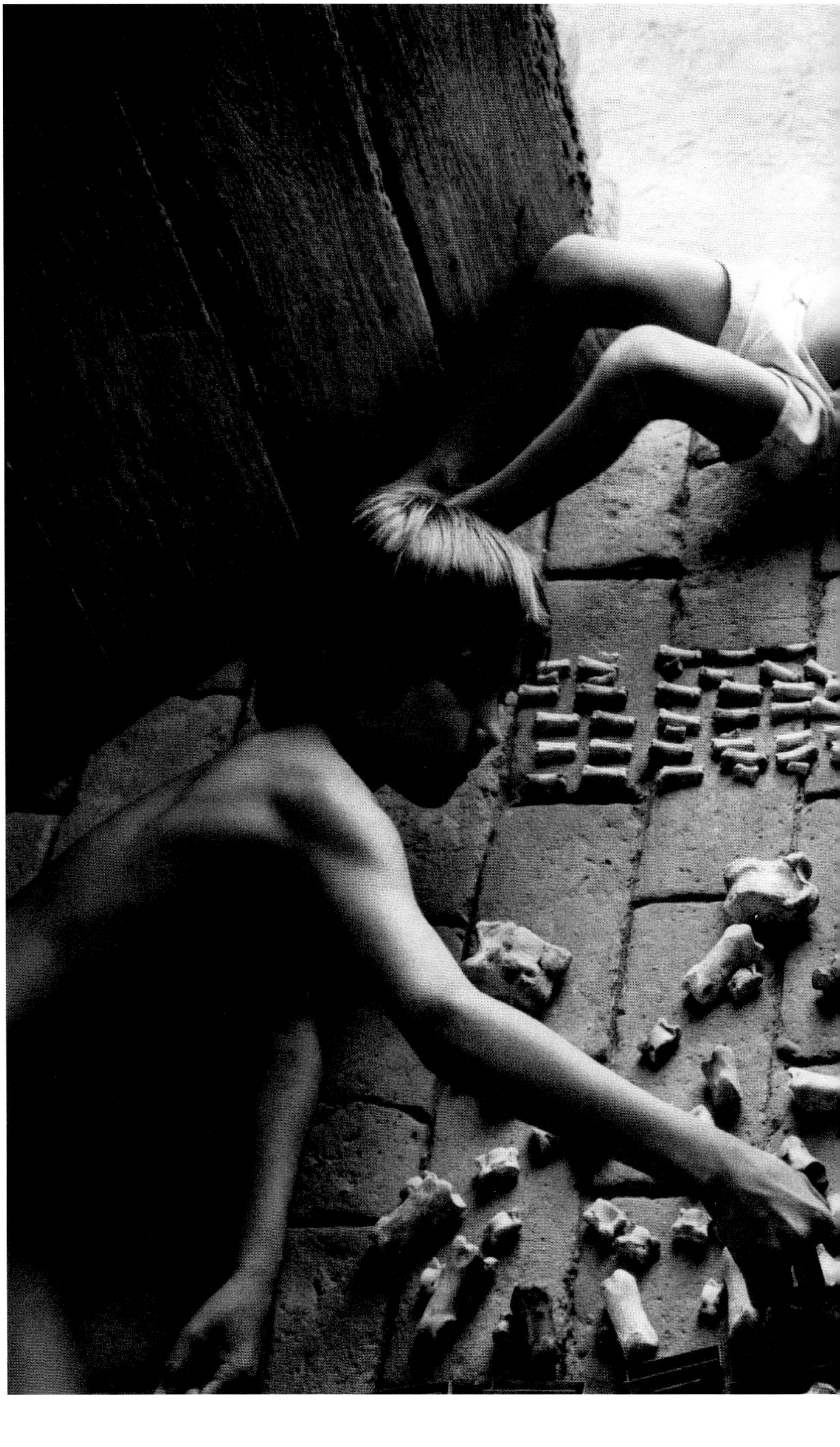

Brasil, 1983

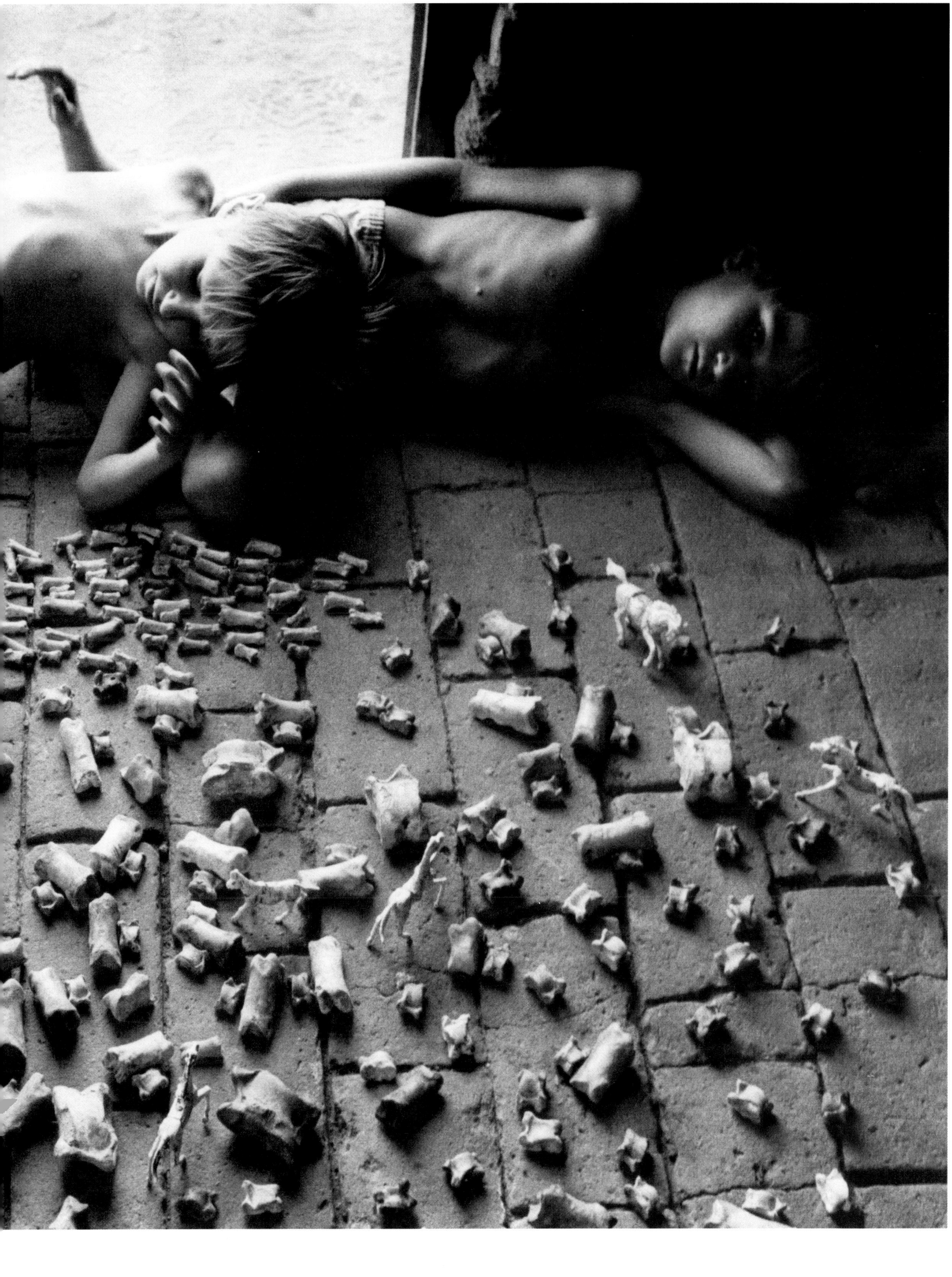

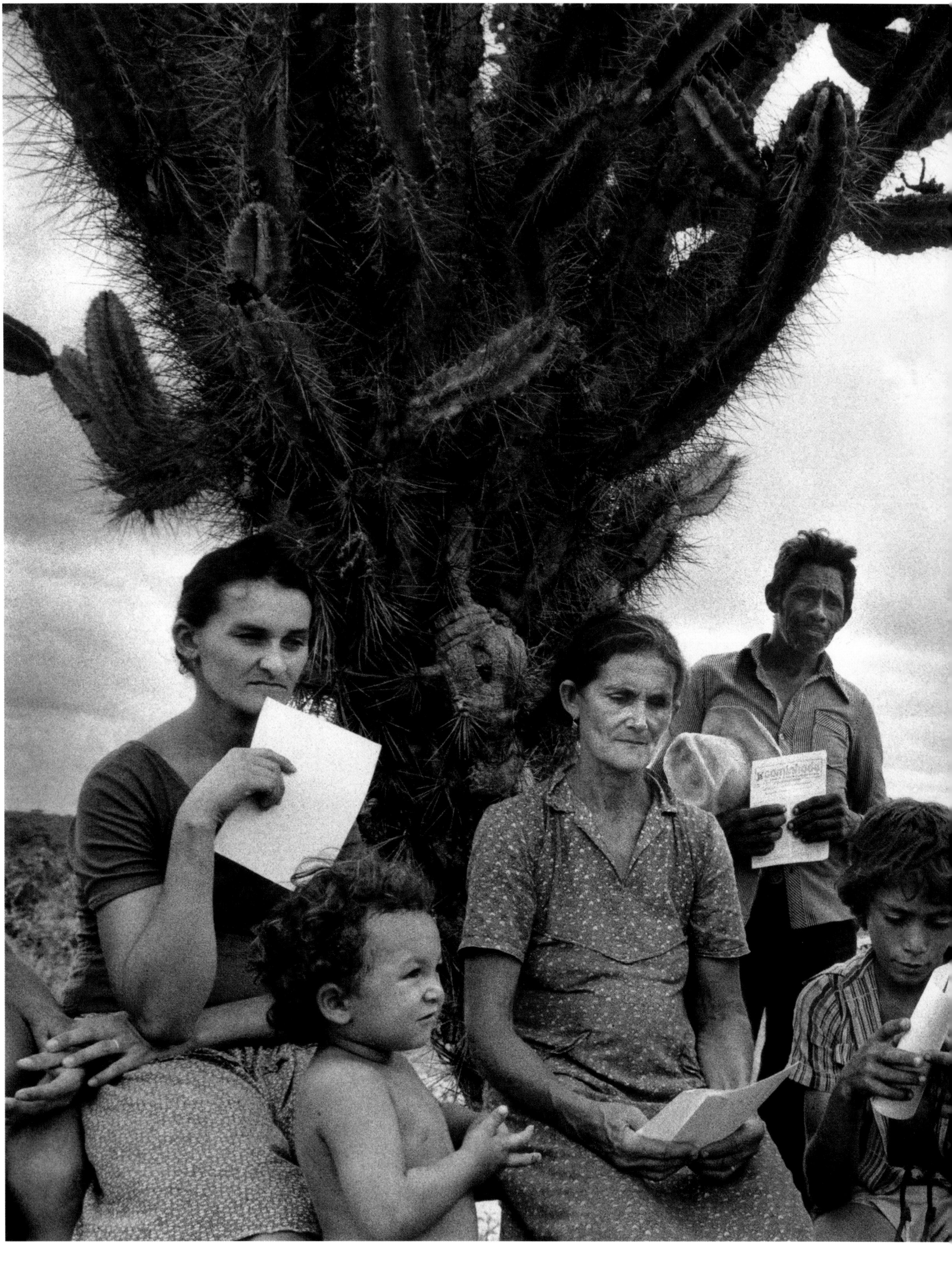

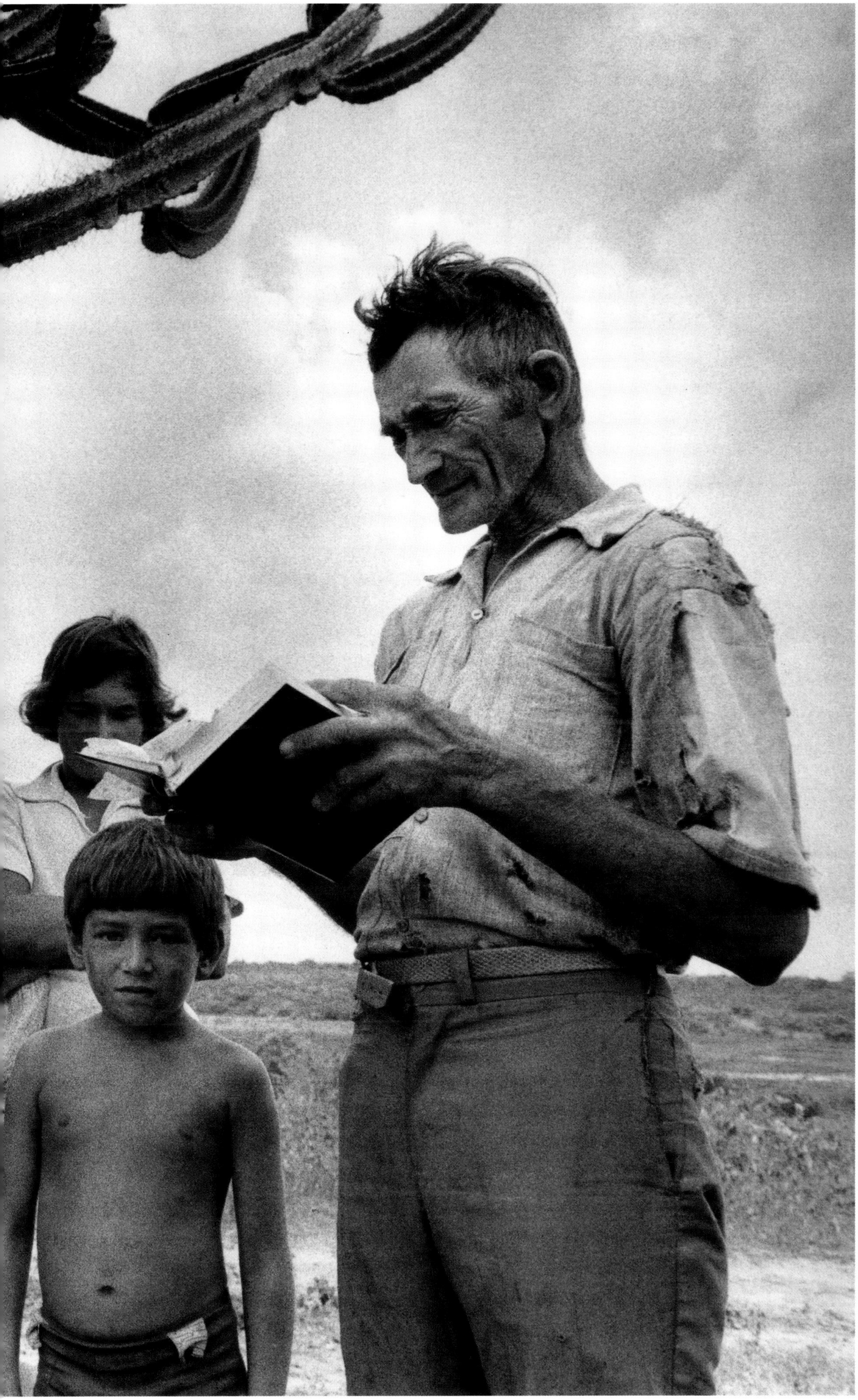

Brasil, 1983

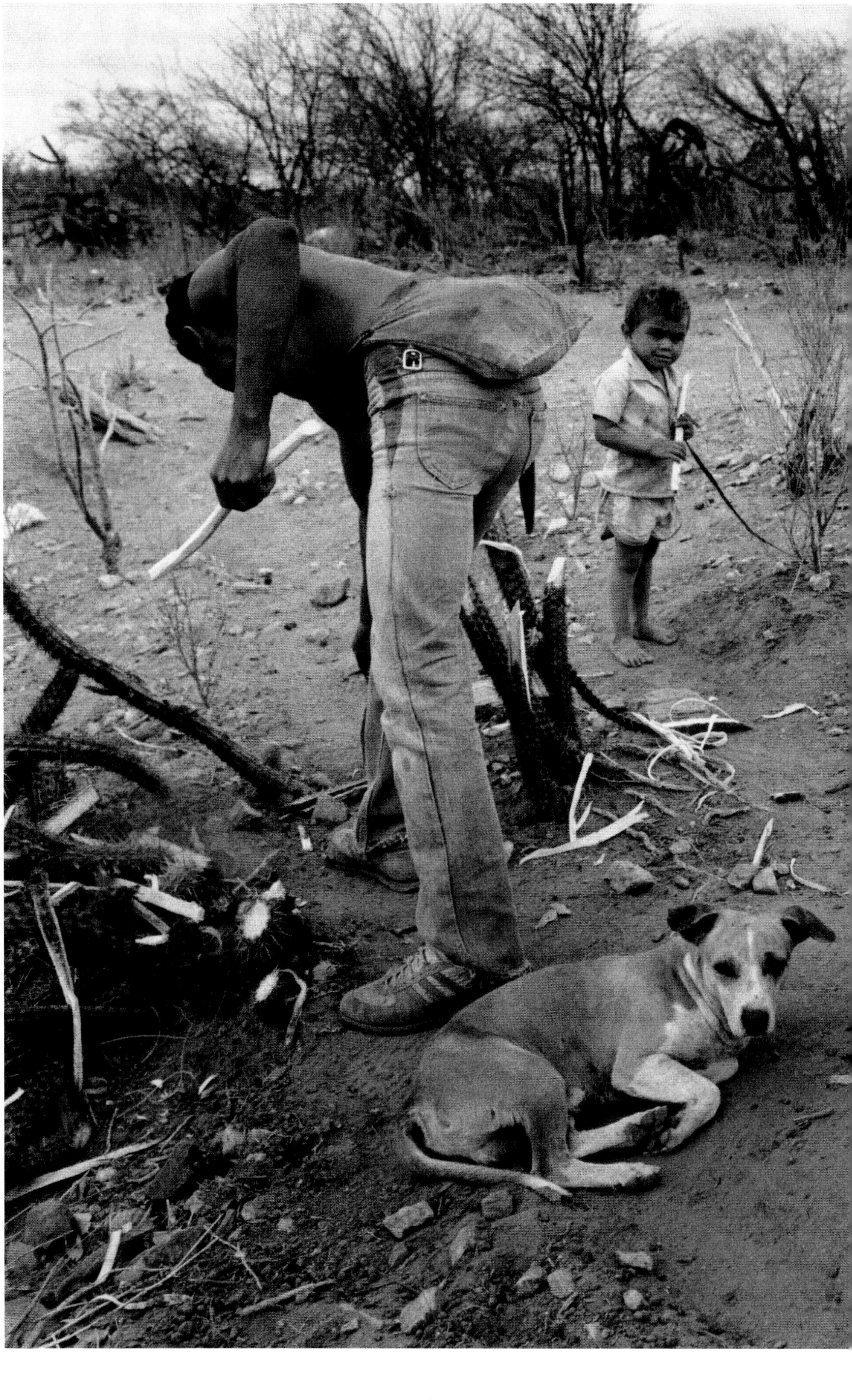

Brasil, 1983

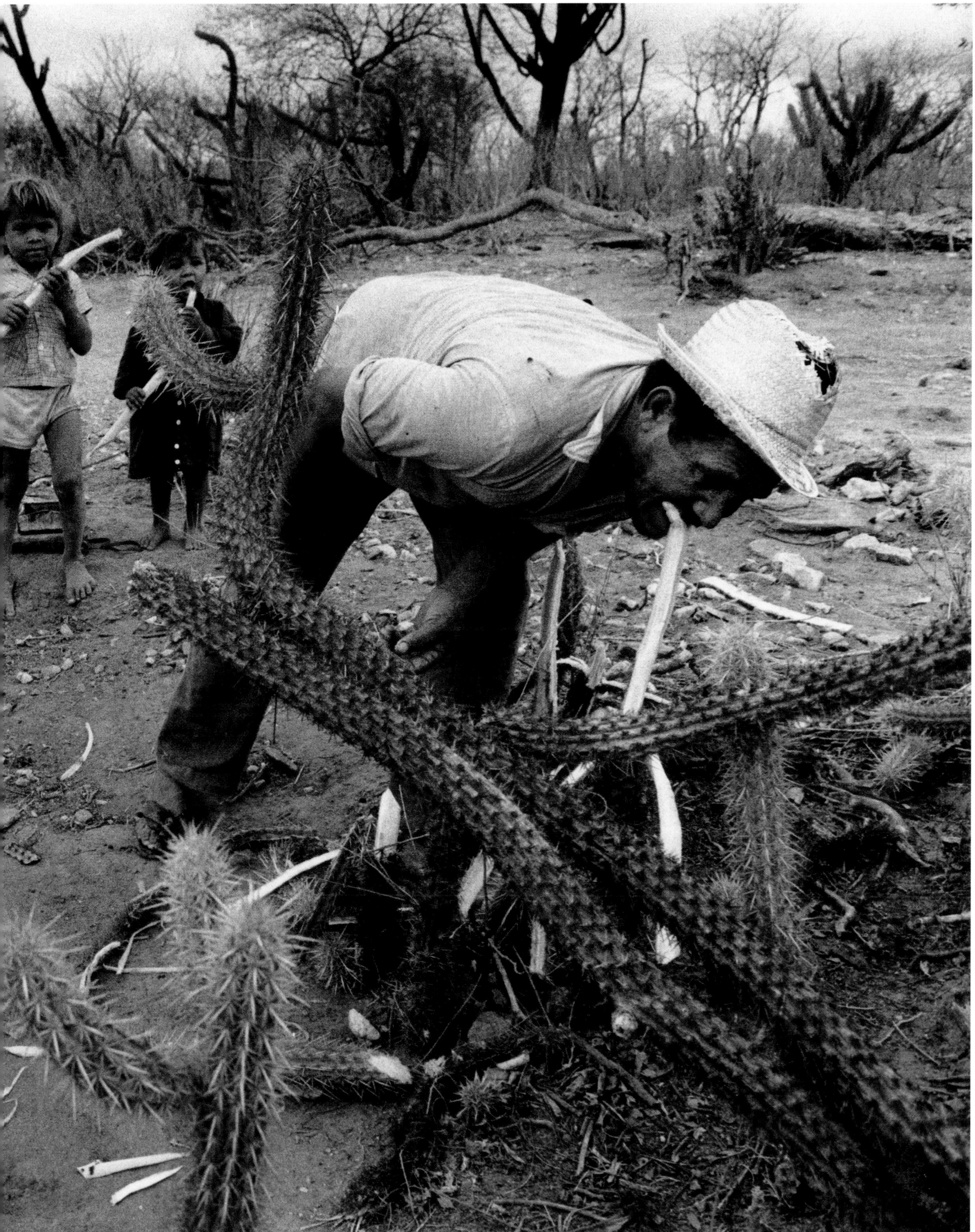

Peru, 1977

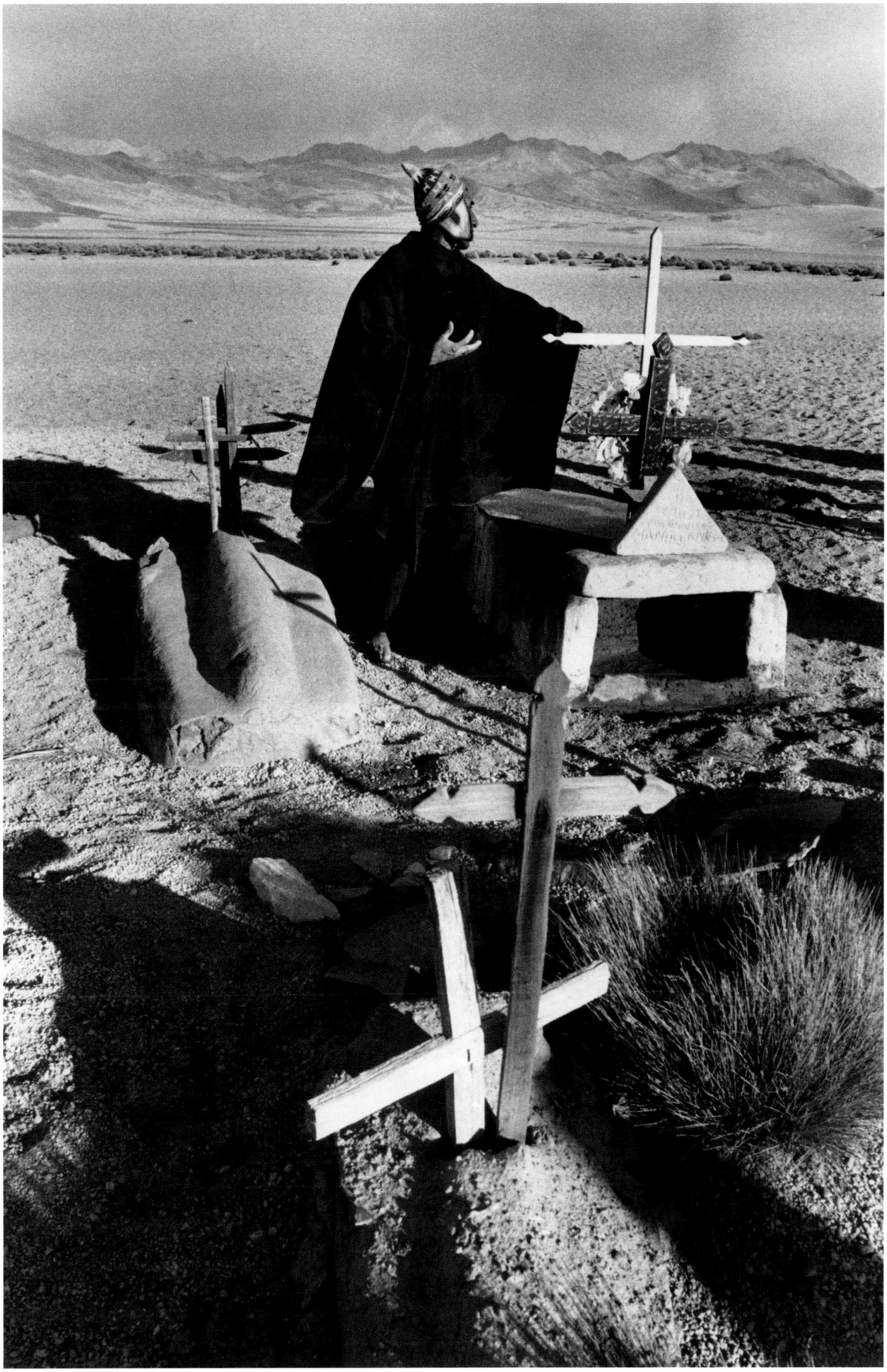

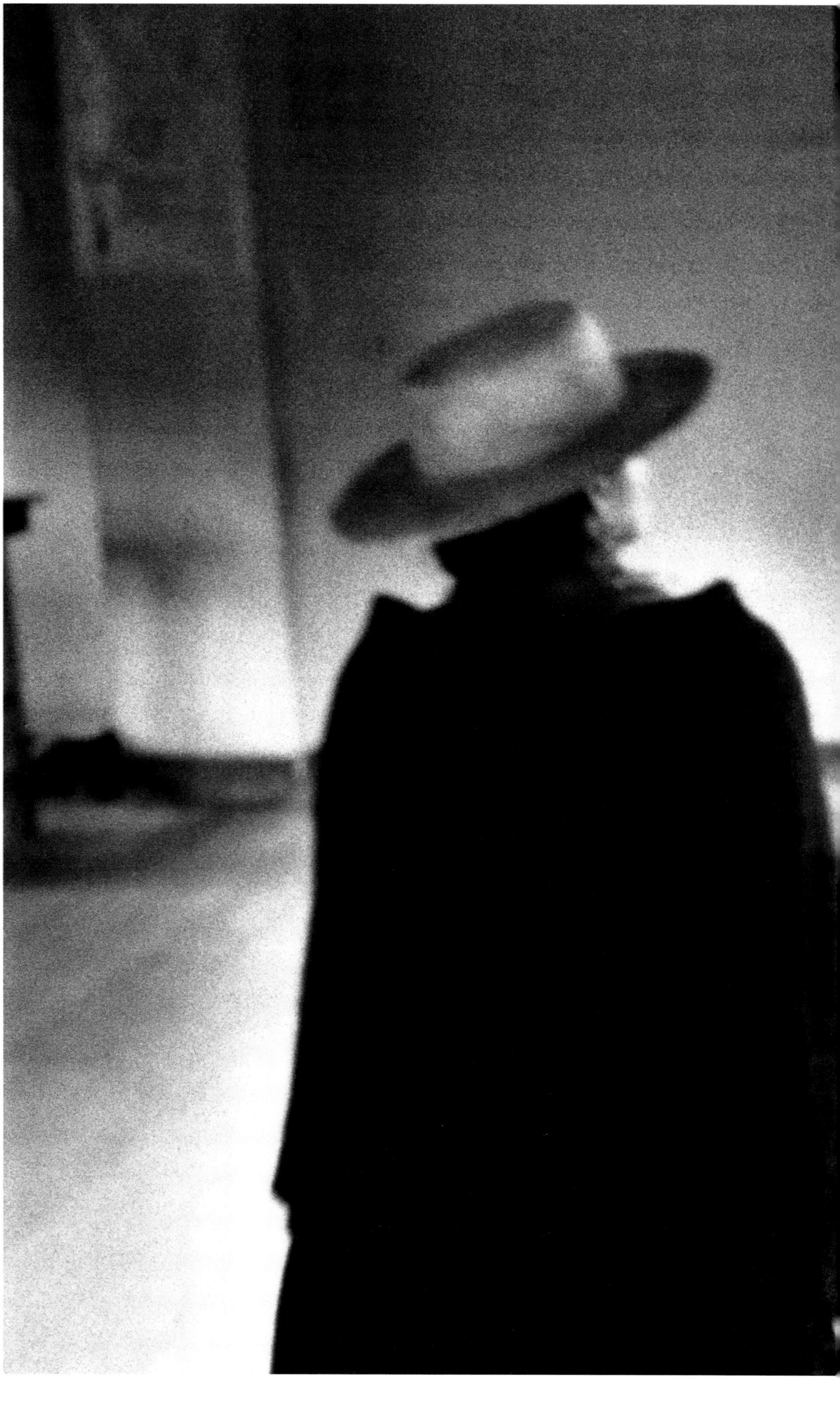

Equador, 1982

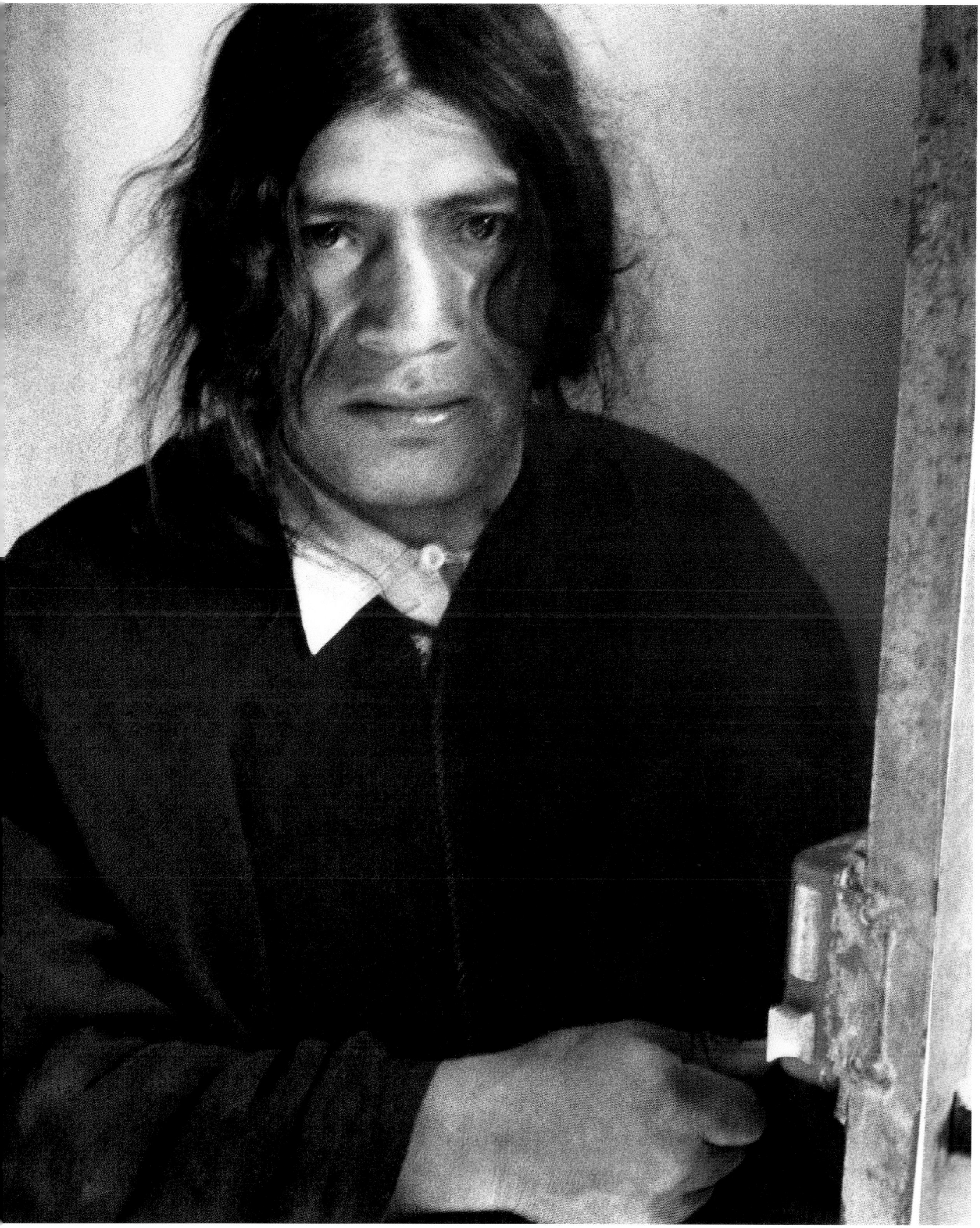

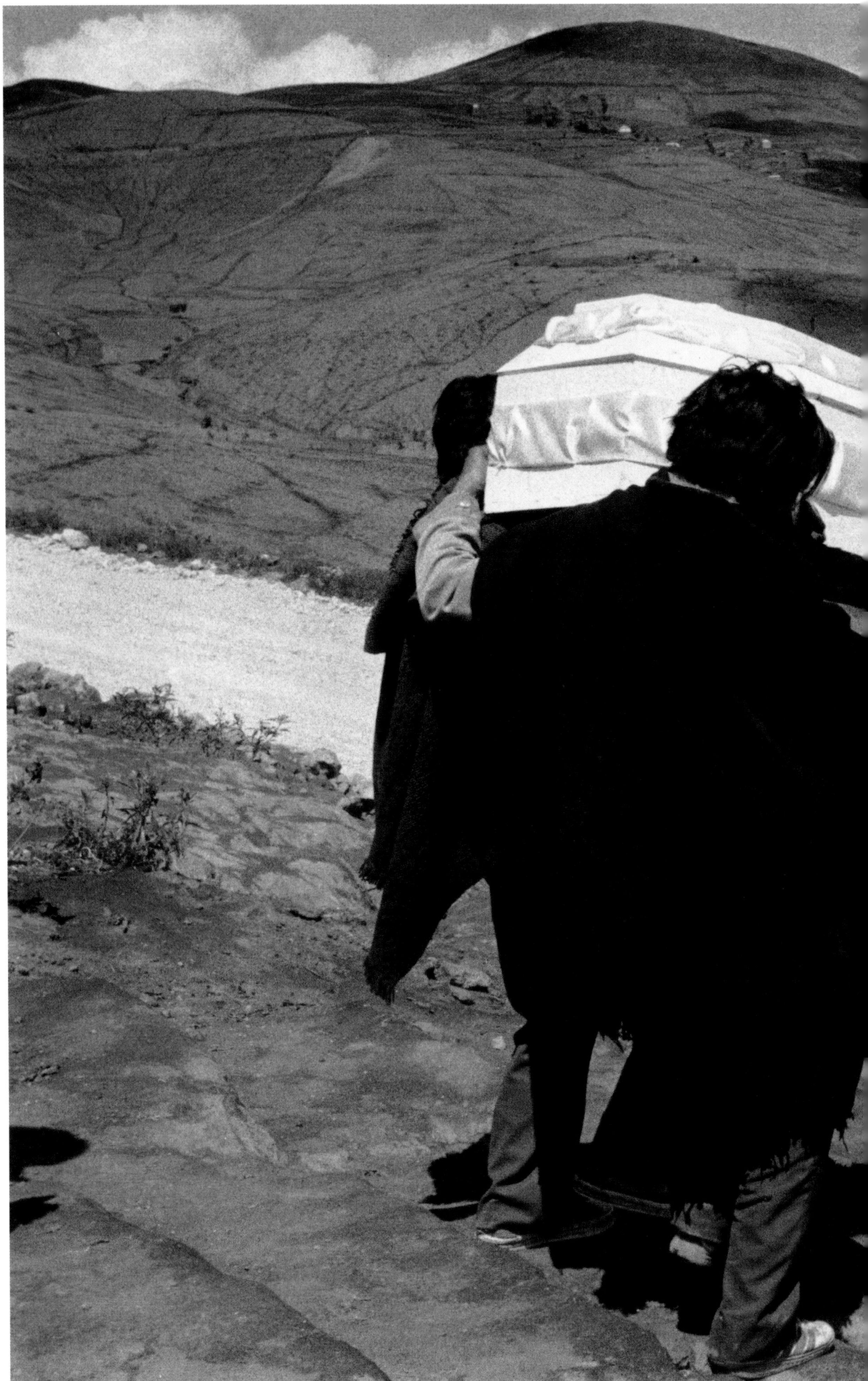

Equador, 1982

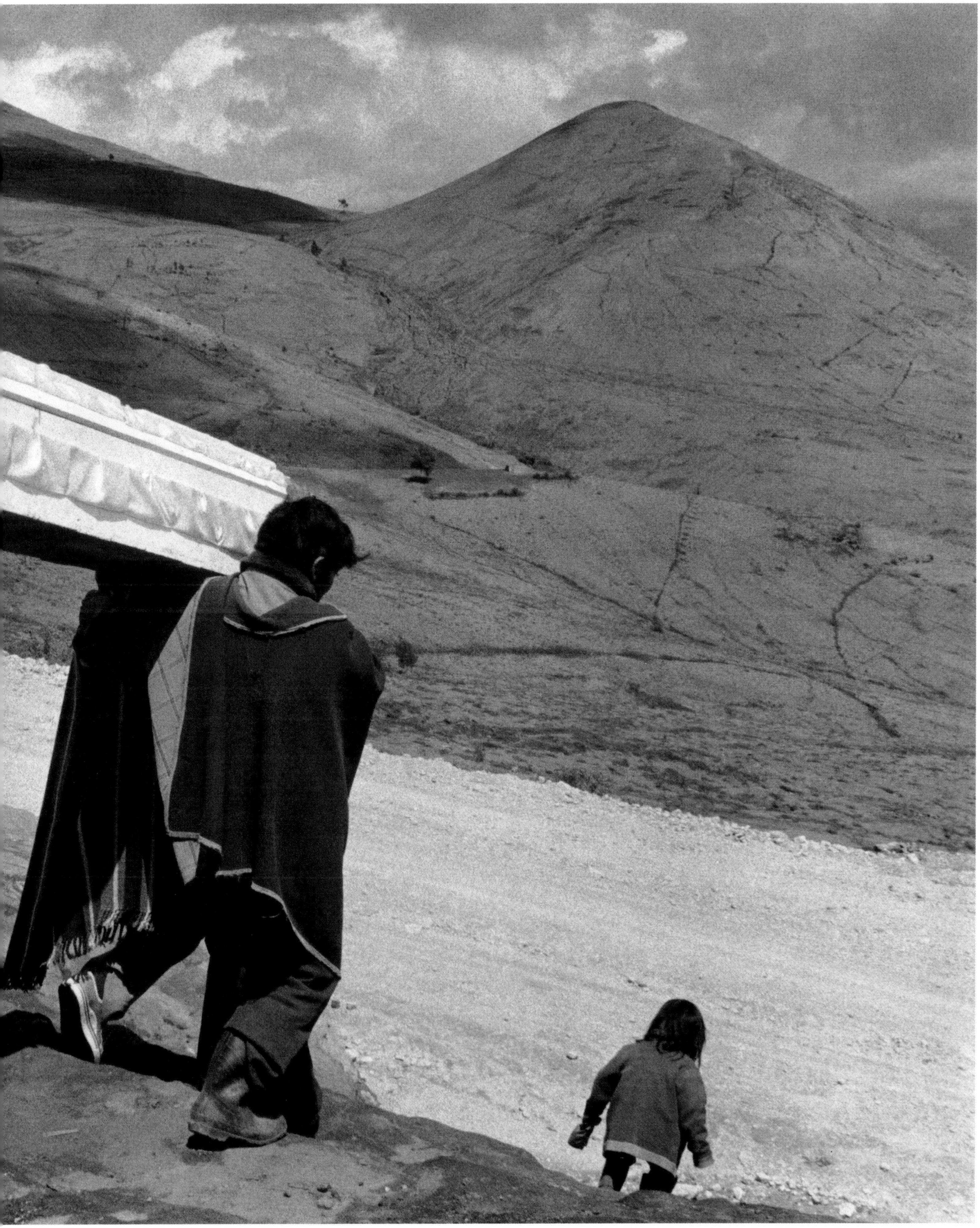

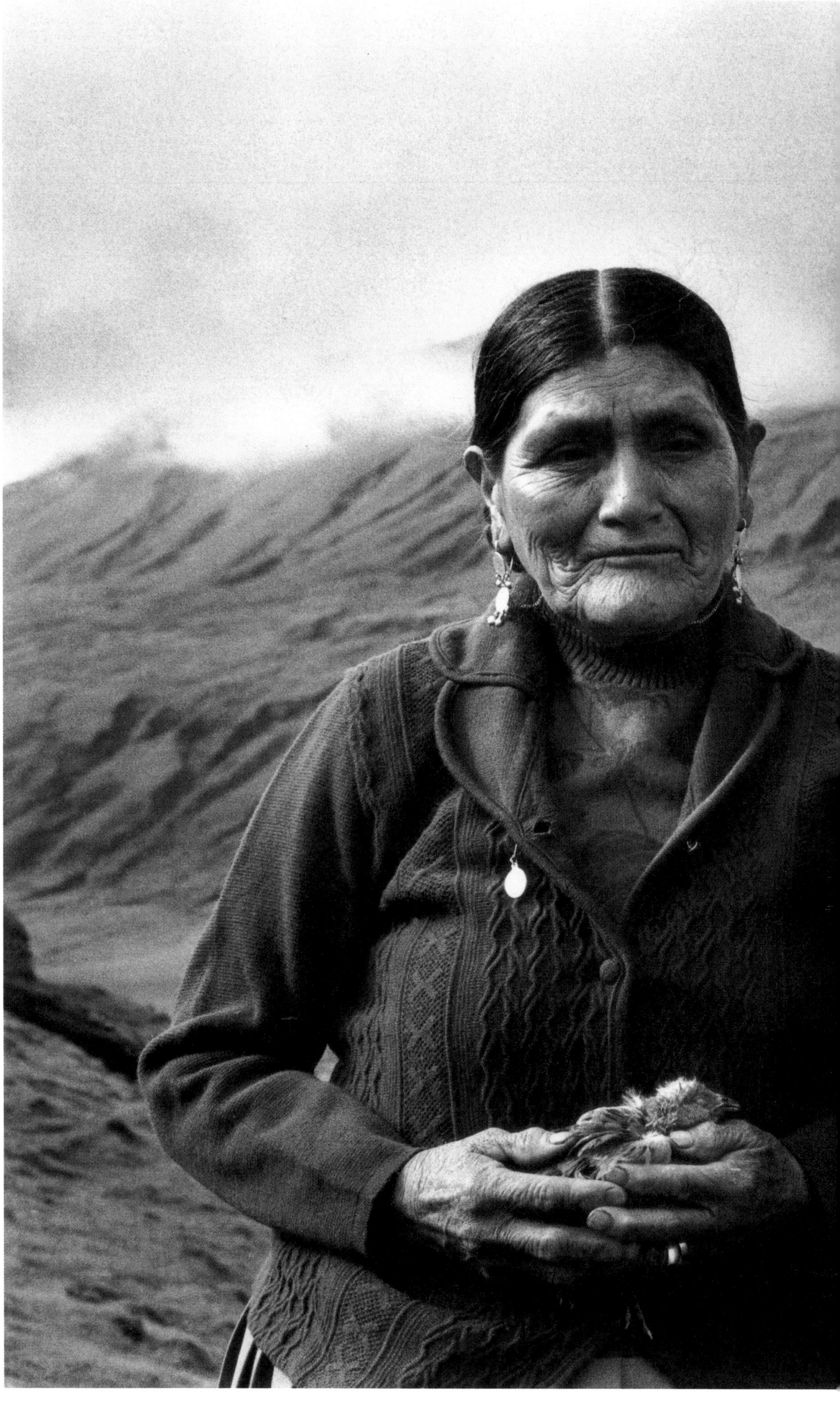

Equador, 1982

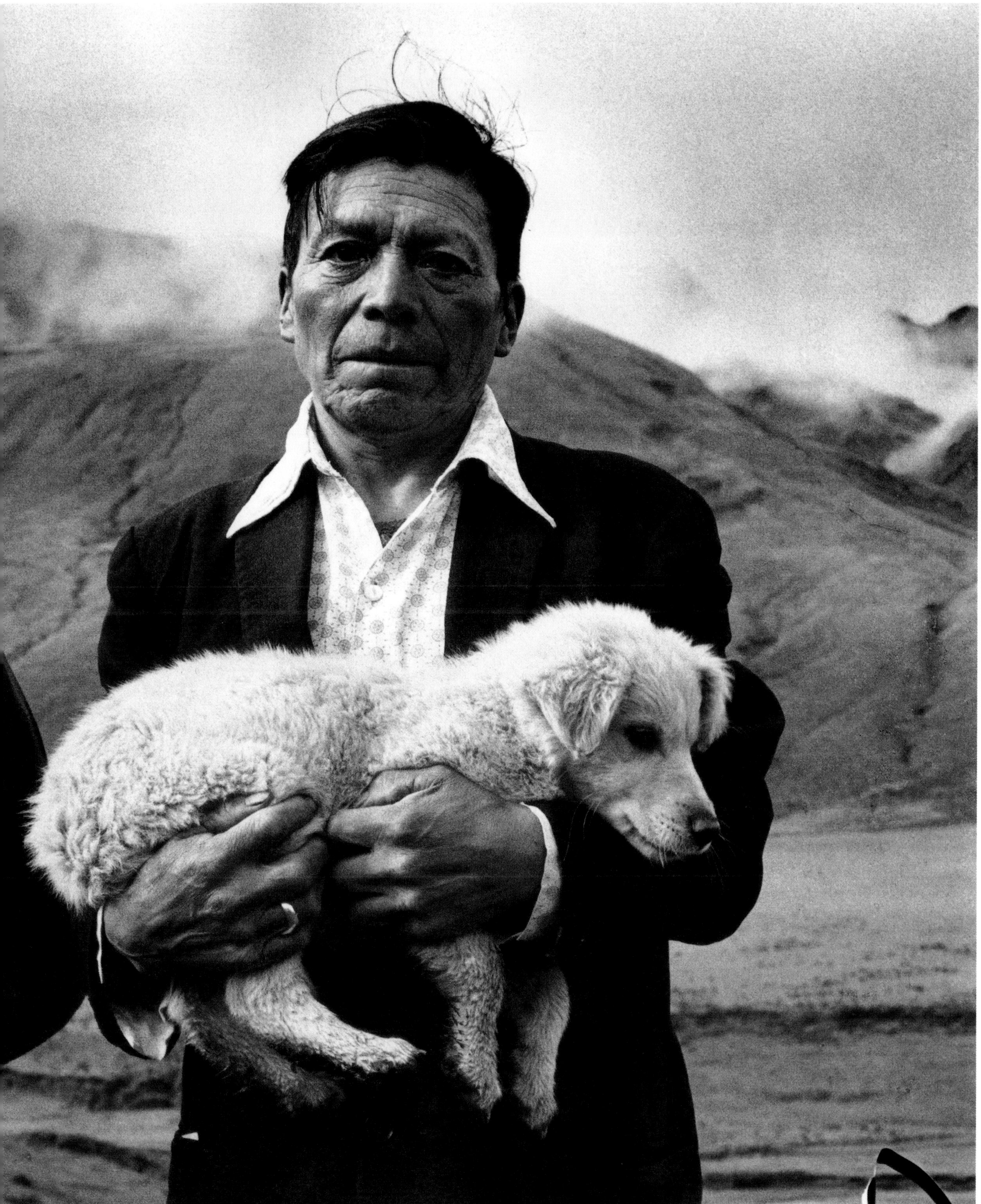

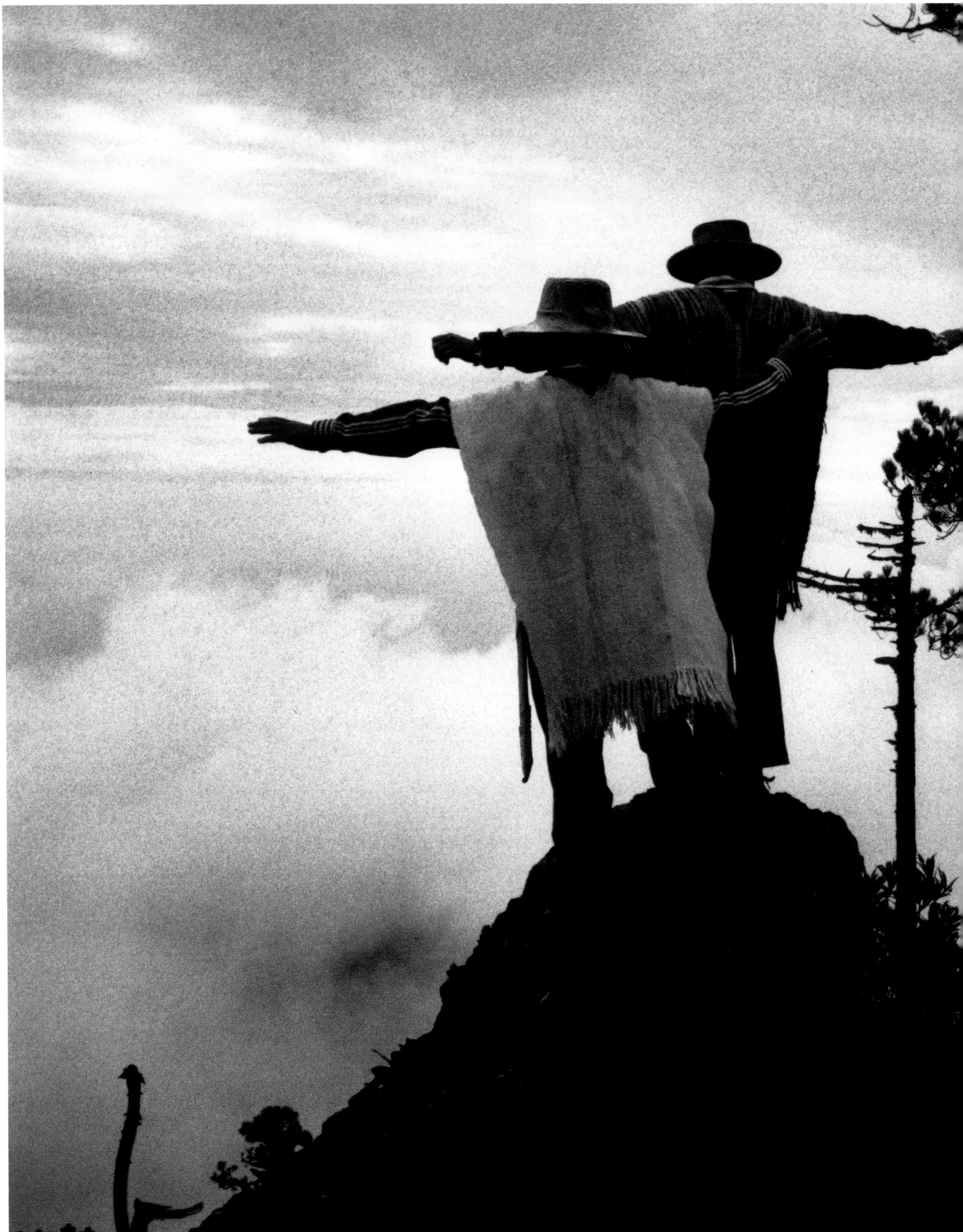

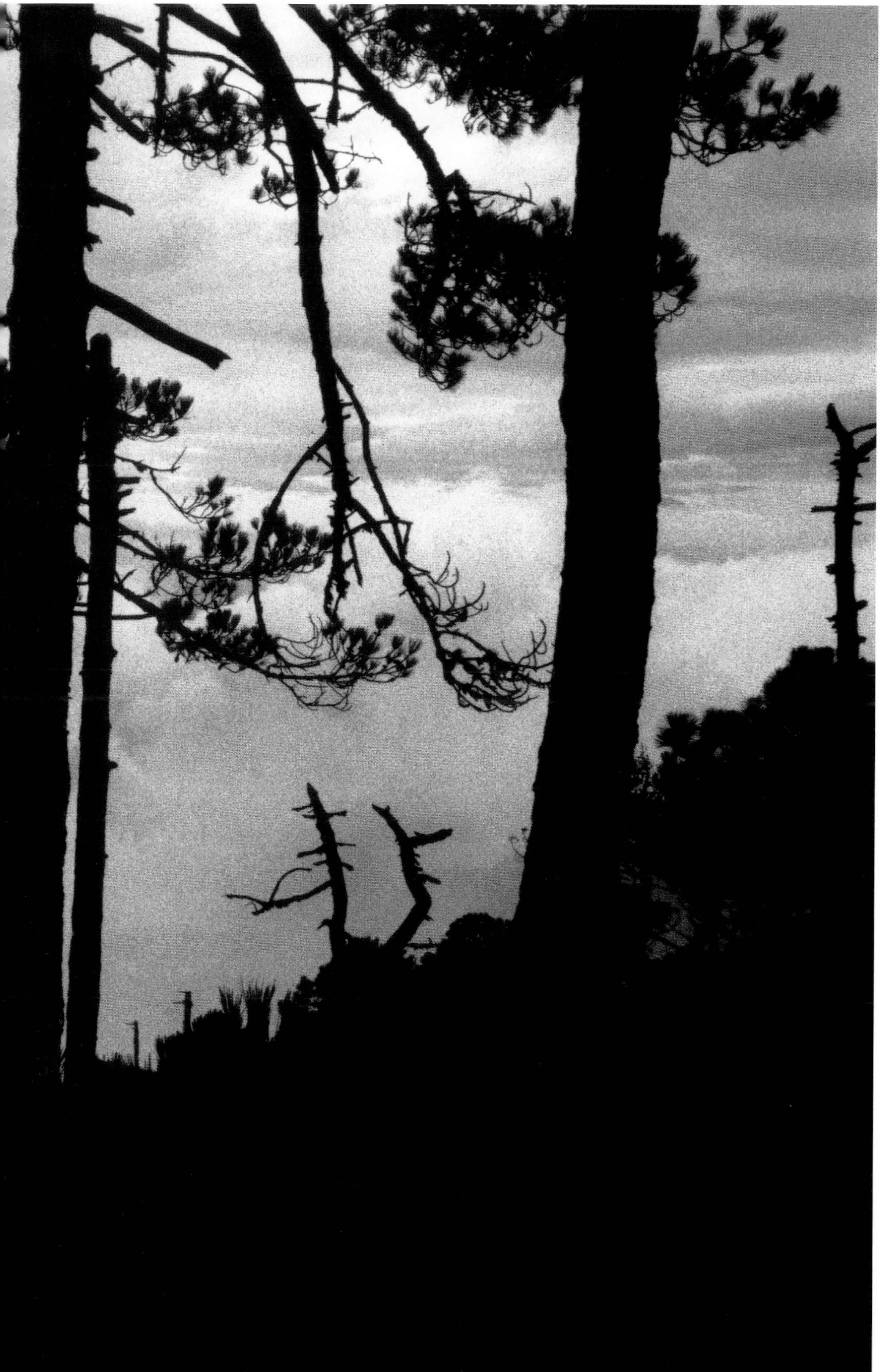

México, 1980

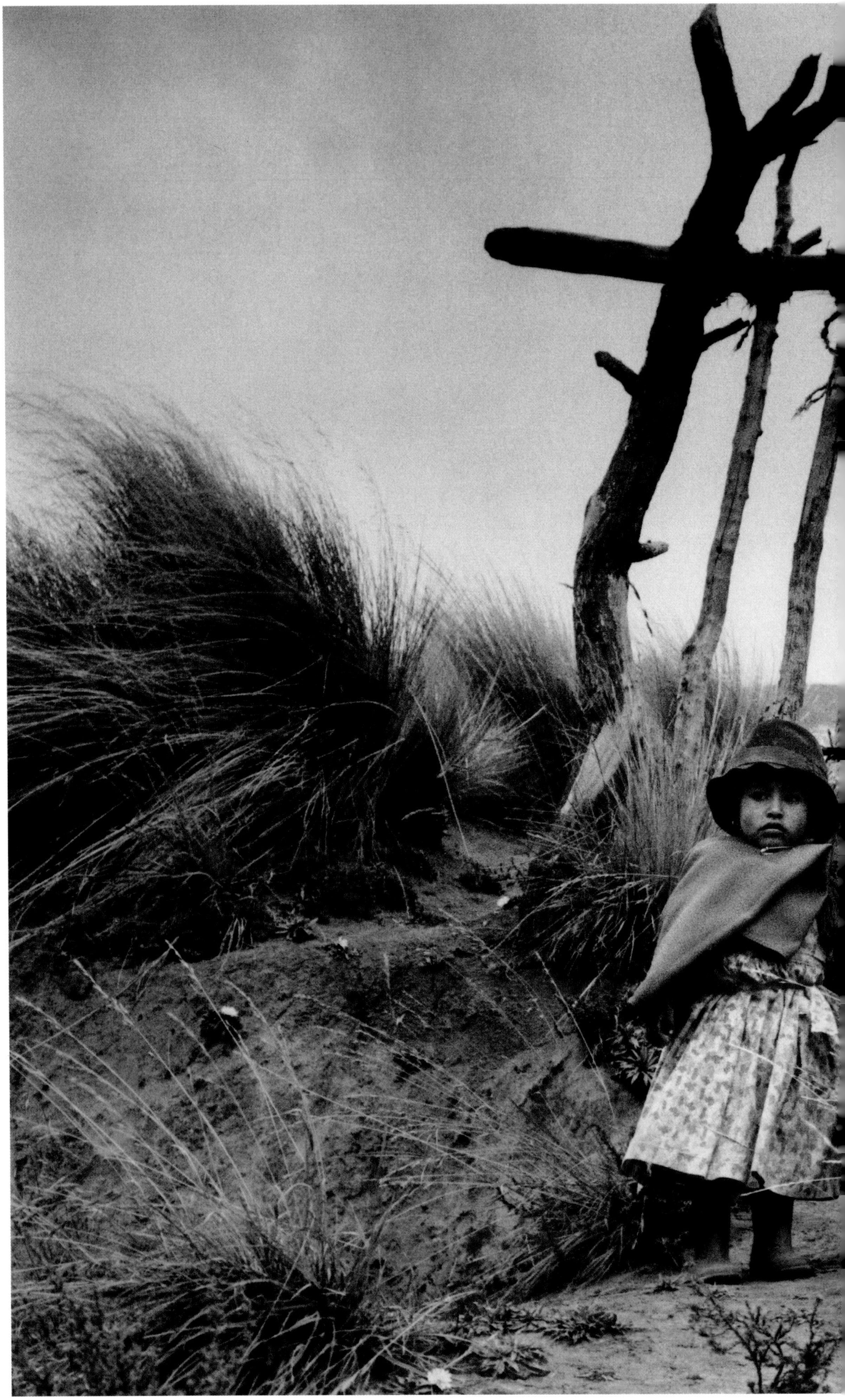

Equador, 1982

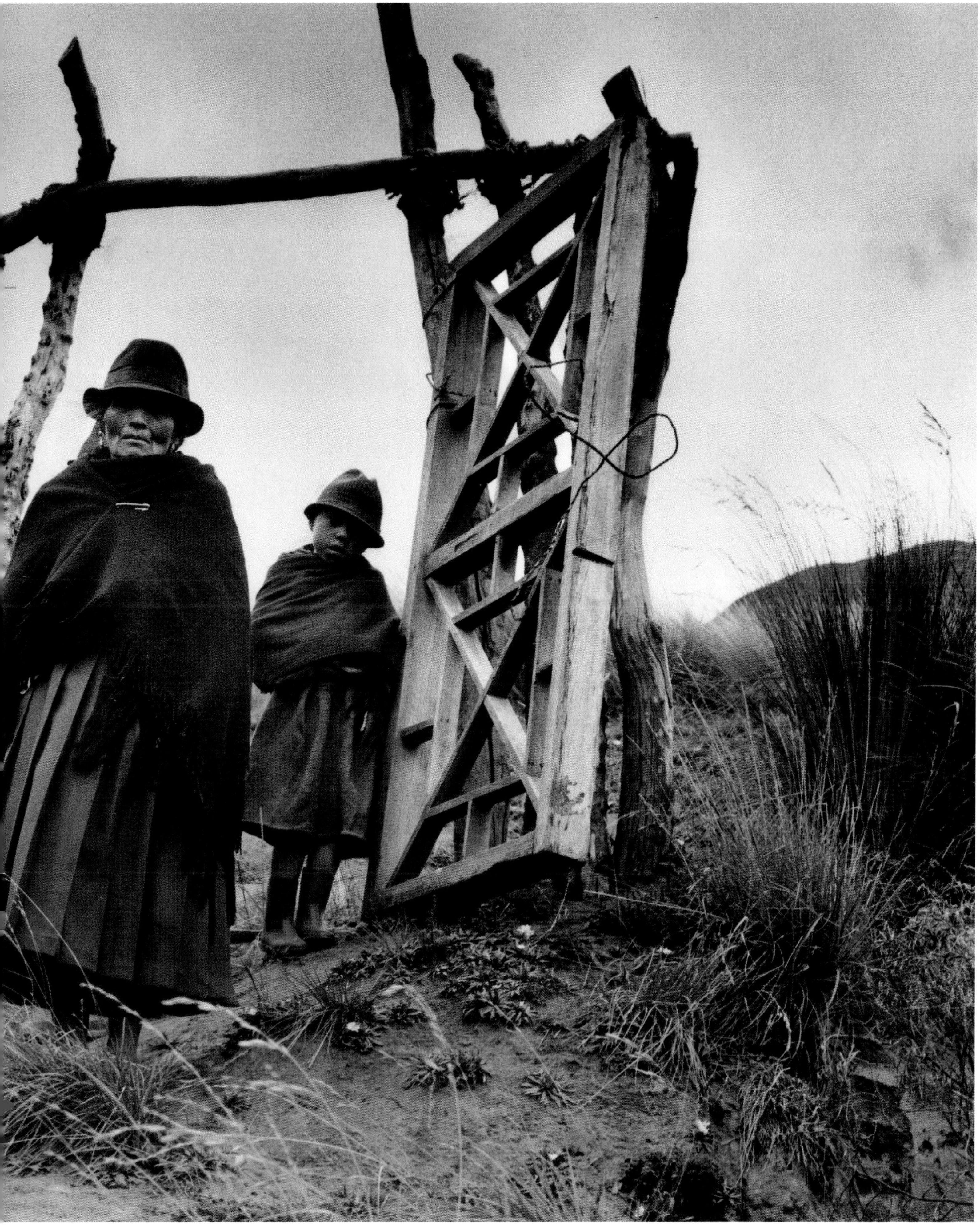

BIOGRAFIA

1944. Em Aimorés, Minas Gerais, 8 de fevereiro, nasce Sebastião Ribeiro Salgado Júnior, sexto filho e único homem dos oito filhos da família.

1964-67. Salgado estuda economia em Vitória, a capital do Espírito Santo. Casa-se com Lélia Deluiz Wanick em 16 de dezembro de 1967, na mesma cidade.

1968. Segue o curso de pós-graduação em economia na Universidade de São Paulo (USP), organizado pelo Instituto de Pesquisas Econômicas (IPE) e pela Universidade de Vanderbilt, dos Estados Unidos. Até julho do ano seguinte trabalha na Secretaria da Fazenda do Estado de São Paulo.

1969. Muda-se para Paris, onde freqüenta a École Nationale de la Statistique et de l'Administration Économique.

1969-71. Segue os cursos de preparação para doutorado em economia na Universidade de Paris, Panthéon.

1971-73. Instala-se em Londres e trabalha para a Organização Internacional do Café, no Departamento de Investimentos, que participa na diversificação de plantações de café na África. Este trabalho é feito em colaboração com a Organização para a Alimentação e Agricultura (FAO), a Organização das Nações Unidas (ONU) e o Banco Mundial.

1973. Começa a trabalhar como repórter fotográfico, interessando-se primeiramente pela seca no Sahel, na África, e em seguida pelos trabalhadores imigrantes na Europa.

1974. Entra para a agência Sygma, em Paris, e cobre os eventos em Portugal, Angola e Moçambique. Em 15 de fevereiro, nasce Juliano, o primeiro filho de Sebastião e Lélia.

1975. Entra para a agência Gamma.

1977-83. Pesquisa as condições de vida dos camponeses e a resistência cultural dos índios e seus descendentes na América Latina, cobrindo nove países, do México ao Brasil. Este trabalho se concretiza com o livro *Outras Américas*.

1979. Salgado entra para a agência Magnum. Continua seu trabalho sobre os vários níveis de integração dos imigrantes na sociedade européia, o qual realiza principalmente na França, na Holanda, na Alemanha, em Portugal e na Itália. Em 7 de agosto, nasce Rodrigo, segundo filho de Sebastião e Lélia.

1982. Recebe o Prêmio Eugene Smith da Fotografia Humanitária. É recompensado pelo trabalho de pesquisa sobre os camponeses na América Latina pelo Ministério da Cultura da França.

1984-85. Fotografa o efeito devastador da seca na região do Sahel, na África, trabalhando em conjunto com a organização humanitária Médecins Sans Frontières.

1984. Prêmio Paris Audiovisuel e Kodak pela publicação do primeiro livro de fotografia, *Autres Amériques*, França.

1985. Prêmio World Press Photo, Holanda, e Prêmio Oskar Barnack, Alemanha, pelo seu trabalho no Sahel, citado como A Reportagem Humanitária do Ano.

1986. Em virtude das publicações sobre o seu trabalho na América Latina e no Sahel, Salgado recebe muitos outros prêmios: Prêmio Ibero-Americano da Fotografia, Espanha; é nomeado o melhor fotojornalista do ano pelo International Center of Photography, Nova York; Prêmio pelo Melhor Livro de Fotografia do Ano, *Sahel: l'homme en détresse*, do Festival Internacional d'Arles, França, e Grande Prêmio (júri) e Prêmio do Público Mois de la Photo pela exposição Outras Américas, Paris Audiovisuel, França. Inicia um projeto documentário sobre a modificação das relações de produção do trabalho manual nos principais setores econômicos em 26 países de todos os continentes.

1987. Prêmio Photographer of the Year pela American Society of Magazine Photography (ASMP) e por Maine Photographic Workshop, Estados Unidos, e Prêmio Olivier Rebbot do Overseas Press Club, Nova York.

1988. Prêmio Erich Salomon, Alemanha; Prêmio Rey de España, Espanha, e Photographer of the Year, International Center of Photography, Nova York.

1989. Prêmio Erna e Victor Hasselblad, pela obra fotográfica, Suécia.

1990. Prêmio The Maine Photographic Workshop pelo melhor livro fotodocumentário, *An uncertain grace*, Estados Unidos.

1991. Recebe o Commonwealth de comunicação de massa em Delaware, Estados Unidos, e Grand Prix de la Ville de Paris, França.

1992. Eleito membro honorário da American Academy of Arts and Sciences, em Cambridge, Estados Unidos. Prêmio Oskar Barnack, Alemanha; Prêmio do Livro *La main de l'homme*, Festival International d'Arles, França; Troféu Match d'Or, pela obra fotográfica, França, e Prêmio World Hunger Year's Harry Chapin Media Award de fotojornalismo pelo livro *Workers*, Nova York.

1994. Deixa a agência Magnum, e com Lélia Wanick Salgado cria a Amazonas Images, agência de imprensa fotográfica, em Paris. Inicia um projeto a ser realizado durante seis anos sobre o movimento de populações no mundo. Prêmio de Publicação pelo livro *Workers*, International Center of Photography, Nova York; Prêmio Centenary Medal e Honorary Fellowship, Royal Photography Society of Great Britain, Inglaterra; Professional Photographer of the Year, Photographic Manufacturers and Distributors Association (PMDA), Estados Unidos; Grand Prix National, Ministério da Cultura e da Francofonia, França, e Award of Excellence, Silver Award, Society of Newspaper Design, Nova York.

1996. Prêmio Overseas Press Club of America, Citation for Excellence, Estados Unidos.

1997. Prêmio Nacional de Fotografia, Ministério da Cultura, Funarte, Brasil, e Prêmio A Luta Pela Terra, Personalidade da Reforma Agrária, Movimento dos Sem-Terra, Brasil.

1998. Medalha de Prata, Art Directors Club, Alemanha; The 1998 Alfred Eisenstaedt Life Legend Award, Life Magazine, Estados Unidos; Prêmio Jabuti, categoria Reportagem, pelo livro *Terra*, Brasil, e Prêmio Príncipe de Asturias de las Artes, na Espanha.

1999. Recebe o Alfred Eisenstaedt Award for Magazine Photography, The Way We Live, Estados Unidos.

PRINCIPAIS EXPOSIÇÕES

Sahel: L'Homme en Détresse

Palais de Tokyo, Paris, França, 1986. — Rencontres Internationales de la Photographie, Arles, França, 1986. — Musée de l'Elysée, Lausanne, Suíça, 1987. — Museu de Arte de São Paulo (MASP), Brasil, 1988. — National Gallery of Art, Beijing, China, 1989.

Outras Américas

Museo de Arte Contemporaneo de Madri, Espanha, 1986. — Maison de l'Amérique Latine, Paris, França, 1986. — Musée de l'Elysée, Lausanne, Suíça, 1987. — Tornio Arts Museum, Ulu, Finlândia, 1988. — Museum Mishkan Le'Omanut, Israel, 1988. — Museum Voor Land in Volkenkunde, Rotterdam, Holanda, 1988. — Fundação Nacional da Arte, Rio de Janeiro, Brasil, 1988. — Palace of Youth, Shangai, China, 1989. — Museum Für Fotografie, Baunschweig, Alemanha, 1991. — Rencontres Internationales d'Arles, França, 1991. — Pazo Fonseca, Santiago de Compostela, Espanha, 1992. — Photo Visions Montpellier, França, 1995. — Hessenhuis, Anvers, Bélgica, 1996. — Art Gallery, Banco Interamericano de Desenvolvimento,Washington, Estados Unidos, 1998.

Retrospectivas

Hasselblad Center, Göteborg, Suécia, 1989. — Bienal de Cuba, Havana, Cuba, 1989. — Künsthalle, Düsseldorf, Alemanha, 1990. — Photographer's Gallery, Londres, Inglaterra, 1990. — Stills Gallery, Edimburgo, Escócia, 1990. — Royal Albert Memorial Museum, Exeter, Inglaterra, 1991. — Fotogallery, Cardiff, Inglaterra, 1992. — Glasgow Arts Centre, Escócia, 1992. — Museu Nacional de Arte Moderna, Tóquio, Japão, 1993. — L'Espace Photographique de Paris, França, 1996.

An Uncertain Grace

Modern Art Museum of San Francisco, Estados Unidos, 1990. — Wight Art Gallery, University of California, Los Angeles, Estados Unidos, 1991. — International Center of Photography, Nova York, Estados Unidos, 1991. — Museum of Photographic Arts, San Diego, Califórnia, Estados Unidos, 1991. — Corcoran Gallery, Washington, Estados Unidos, 1992. — Carpenter Center Harvard, Cambridge, Estados Unidos, 1992. — Städtisches Museum, Schleswig, Alemanha, 1996. — Victor Barsokevitsch Valokuvakeskus, Kuopio, Finlândia, 1997. — Ayuntamiento de Valladolid, Espanha, 1998.

Trabalhadores
Römisch-Germanisches Museum, Colônia, Alemanha, 1992. — Philadelphia Museum of Art, Pensilvânia, Estados Unidos, 1993. — Palais de Tokyo, Paris, França, 1993. — Centro Cultural de Belém, Lisboa, Portugal, 1993. — Biblioteca Nacional, Madri, Espanha, 1993. — The J.B. Speed Art Museum, Louisville, Kentucky, Estados Unidos, 1993. — Galeria Nacional Eslováquia, Bratislava, Eslováquia, 1993. — Royal Festival Hall, Londres, Inglaterra, 1993. — Pallazzo delle Esposicioni, Roma, Itália, 1994. — The University of Iowa Museum of Art, Iowa, Estados Unidos, 1994. — Musée de l'Elysée, Lausanne, Suíça, 1994. — Museu de Arte Moderna (MAM), Rio de Janeiro, Brasil, 1994. — Museu de Arte de São Paulo (MASP), São Paulo, Brasil, 1994. — Museu Metropolitano de Arte de Curitiba, Brasil, 1994. — Bunkamura, Tóquio, Japão, 1994. — Arberjdermuseet, Copenhague, Dinamarca, 1994. — Nederlands Foto Instituut, Rotterdam, Holanda, 1994. — Dallas Museum of Art, Texas, Estados Unidos, 1994. — High Museum of Art Folk, Art and Photography Galleries, Atlanta, Estados Unidos, 1994. — Kulturhuset, Estocolmo, Suécia, 1995. — International Center of Photography, Nova York, Estados Unidos, 1995. — The Royal Photographic Society, Bath, Inglaterra, 1995. — Onomichi Municipal Museum of Art, Hiroshima, Japão, 1995. — The Art Gallery of New South Wales, Sydney, Austrália, 1995. — Basilica Palladiana, Vicenza, Itália, 1995. — Georges Eastman House, Rochester, Nova York, Estados Unidos, 1995. — Honolulu Academy of Arts, Havaí, Estados Unidos, 1996. — Deichtorhallen, Hamburgo, Alemanha, 1996. — Elvehjem Museum of Art, Madison, Wisconsin, Estados Unidos, 1997. — Museo de Belas Artes, Caracas, Venezuela, 1997. — Museum of Contemporary Art, San Diego, Califórnia, Estados Unidos, 1997. Grand-Hornu Images, Hornu, Bélgica, 1997. — Museu de Arte da Pampulha, Belo Horizonte, Brasil, 1997. — Museo de Arte Moderno, Cidade do México, México, 1998. — The Old Kornhaus, Berna, Suíça, 1999.

Serra Pelada
Galeria Debret, Paris, França, 1994. — Palm Beach Photographic Museum, Flórida, Estados Unidos, 1996. — Musée de la Photographie, Charleroi, Bélgica, 1996. — Cleveland Center for Contemporary Art, Cleveland, Estados Unidos, 1996. — Archivo Historico y Museo de Mineria, Pachuca, México, 1998.

LIVROS

Sahel: l'homme en détresse. Paris, Centre National de la Photographie, para Médecins Sans Frontières, 1986.

Other Americas. Nova York, Pantheon Books, 1986.

Autres Amériques. Paris, Contrejour, 1986.

Otras Americas. Madri, Ediciones ELR, 1986.

Sahel, el fin del camino. Madri, Comunidad de Madrid, para Médicos Sin Fronteras, 1988.

Les cheminots. Comité Central d'Entreprise de la SNCF (França), 1989.

An uncertain grace. Aperture (Estados Unidos); Thames & Hudson (Inglaterra); SGM (Japão), 1990.

Une certaine grâce. Nathan (França), 1990.

Um incerto estado de graça. Editorial Caminho (Portugal), 1995.
The best photos/ As melhores fotos — *Sebastião Salgado.* São Paulo, Boccato Editores, 1992.
Photopoche. Centre National de la Photographie (França), 1993.
Workers. Aperture (Estados Unidos); Phaidon (Inglaterra); Iwanami Shoten (Japão), 1993.
La main de l'homme. Éditions de la Martinière (França), 1993.
Trabalho. Editorial Caminho (Portugal), 1993.
Trabajadores. Lunwerg Editores (Espanha), 1993.
Arbeiter. Zweitausendeins (Alemanha), 1993.
La mano dell'uomo. Contrasto (Itália), 1994.
Trabalhadores. São Paulo, Companhia das Letras, 1996.
Terra. Éditions de La Martinière (França); Editorial Caminho (Portugal); Zweitausendeins (Alemanha); Contrasto (Itália); Phaidon (Inglaterra); Companhia das Letras (Brasil); Alfaguara (Espanha), 1997.

CONFERÊNCIAS

Rochester Institute of Technology, Eastman Kodak Company, Rochester, Estados Unidos, fevereiro de 1990.
Museum of Modern Art, San Francisco, Estados Unidos, outubro de 1990.
Art Institute of San Francisco, Estados Unidos, outubro de 1990.
Art Institute of Baltimore, Maryland, Estados Unidos, março de 1991.
International Center of Photography, NovaYork, Estados Unidos, março e abril de 1991.
Yale University, Estados Unidos, março de 1992.
Agência Estado, São Paulo, Brasil, agosto de 1992.
5e Forum CE, Comité d'Entreprise, Paris, França, março de 1993.
Techniques of the Masters, Eastman Kodak Company, Rochester, Estados Unidos, abril de 1993.
Ryerson Polytechnical Institute in Toronto, Canadá, abril de 1993.
Philadelphia Museum of Art, Pensilvânia, Estados Unidos, abril de 1993.
Harvard University, Business School, Massachusetts, Estados Unidos, março de 1994.
George Eastman House, Kodak, Rochester, Estados Unidos, setembro de 1994.
The Art Gallery of New South Wales, Sydney, Austrália, junho de 1995.
George Eastman House, Rochester, Estados Unidos, fevereiro de 1996.
Université Interne, Hachette Filipacchi Presse, Paris, França, março de 1996.
Universidade de São Paulo (USP), São Paulo, Brasil, abril de 1996.
Centro Cultural "Fundação Athos Bulcão", Brasília, Brasil, maio de 1996.
Teatro de Arame, Bienal de Fotografia de Curitiba, Brasil, agosto de 1996.
École Normale Supérieure de Paris, França, abril de 1997.
San Diego Museum of Contemporary Art, San Diego, Estados Unidos, julho de 1997.
Centenário de Belo Horizonte, Luminis, Belo Horizonte, Brasil, agosto de 1997.

ESTA OBRA FOI COMPOSTA PELO ESTÚDIO O.L.M. EM GARAMOND. OS FILMES E A IMPRESSÃO FORAM FEITOS NA PANCROM INDÚSTRIA GRÁFICA EM OFF-SET SOBRE PAPEL PHOENIX IMPERIAL DA SCHEUFELEN PARA A EDITORA SCHWARCZ EM JUNHO DE 1999.